大増員時代の弁護士

弁護士観察日記

PART 1

河野真樹

共栄書房

大増員時代の弁護士——弁護士観察日記PART1◆目　次

第8章　弁護士の気概　197

あとがき　228

まえがき

この国の弁護士が増える、ということは、かなり一般にも知られるところとなりました。また、これまで少なかった弁護士が増えることで、紛争を抱える市民にとって、弁護士の「使い勝手」がよくなり、より便利になるという理解の仕方をされている人もいると思います。

事実、今回の司法改革の方向を提唱した政府の司法制度改革審議会は、二〇〇一年の意見書で、法曹（裁判官、検察官、弁護士）を国民の「社会生活上の医師」と位置付け、「各人の置かれた具体的な生活状況ないしニーズに即した法的サービスを提供することが必要である」として、法曹の質・量の確保をうたい、二〇一〇年ころに司法試験の合格者を三〇〇〇人にする目標や、これまでの「点」による選抜で「狭き門」とされていた同試験の形を改め、プロセスの教育として法科大学院制度設置といった政策を掲げました。

この路線にのっとって、この一〇年、法曹界と大マスコミ挙げて、まさに「改革」は「国民のため」になるものとして推進されてきました。前記した一般の理解の仕方も、この間の大マスコミの報道によるところが大きいと思います。

ところが、この推進派の専門家や大マスコミが描いた絵とは全く違う状況が、実は発生しています。

本書のテーマは、「国民のため」として進行する弁護士を増やす「改革」が、果たして彼らが描くようなきれいな絵を作り出すのか、そのことを問いかけるものです。

依然、彼らは、この「改革」を止めまいとする宣伝を続けています。その中には、意図的に伝えられない事実、あるいは強調されない問題点が含まれています。伝えらないという現状は、「改革」への市民のフェアな判断を阻害するものになっているとも思います。

それがきちっと伝えられたとき、今、進行している弁護士の増員という「改革」が生み出す予想図は今と全く違うものとなって、市民に伝わり、その評価もまた大きく変わることになるはずです。

序章　ある弁護士の廃業宣言

　二〇一〇年、ある弁護士のブログ上での衝撃的な廃業宣言が一時期話題となりました。ある日のブログで彼は、こう切り出しました。

「突然ですが、弁護士を辞めることにしました」

　彼のブログは、法律関係の判例時報、判例タイムズなどの記事の紹介をメーンに、そのほか事務所運営に関することや、日弁連はじめ弁護士界内の動きに関する論評などを内容とするもので、弁護士の間でもよく読まれていました。

　実は私が昨年七月末まで編集長を務めていた『週刊法律新聞』も毎号取り上げて、特に注目する記事を紹介してくれていたので、感謝しつついつも読んでいたブログだったのです。私が新聞社を退社した直後に、彼のブログも消えることになったのにも奇妙な縁を感じます。

　このブログ氏は匿名です。司法修習五〇期代ということだけ、公表していました。内容からして関西方面の方だろうと思います。匿名ですので、弁護士であると一〇〇%は断定できないのですが、内容からしておそらく弁護士であることは、私を含め他の読者弁護士の大方の共通した感想であり、そうした認識であってこそ少なからぬ弁護士に衝撃を与えることになったのだと思います。

この廃業宣言の何が衝撃的だったかといえば、突然の廃業もさることながら、なんといっても公開された廃業理由にありました。

「……理由ですか？　もちろん、この業界のお先が『真っ暗』だからですよ。案件は減るわ、合格者はバカスカ増えるわ、執行部はアフォだわ、司法書士は幅をきかせるわで、もう業界全体が沈みかけの船みたいな状態です。こんな船からは一刻も早く逃げ出さなければならない、そう思ったからです。優秀で嗅覚の鋭い方は、もうとっくに逃げてますよ」

「このエントリーを読んでいる貴方にひとこと、このまま弁護士を続けていて、本当に大丈夫ですか？」

弁護士界のことをご存知ない方のためにあえてご説明すれば、ここで彼が言っているのは、弁護士が扱う事件数が減っているのに、司法試験の合格者が増え、弁護士大量増員路線が進み、それに対して日弁連執行部は基本的に増員路線の旗を降ろさず、有効な対策もとれず、そんな中、司法書士は簡易裁判所での代理権を取得して勢いづき、弁護士の業務範囲に進出することをうかがっている、と。

要するに「沈みかけの船」のような弁護士界の将来を悲観して、いち早く脱出を決意した、というわけです。

こう書かれても、一般の方には理解できないかもしれません。相当勉強して難関の試験にパスし、せっかく得た資格で社会的な地位も高く、生涯高給が保証されているような仕事をなぜ、自分から辞めるんだと思われる方もおいででしょう。あるいは、この人は、弁護士のなかでも相当特殊な人なんじゃないかと。

だけど、そうではないのです。この廃業宣言に対する多くの弁護士ブロガーの反応はこの理由への共感でした。あるブログにはこうありました。

「その決断については、賛否があって当然である。だが肝心なことは、氏が直面した危機感は、多かれ少なかれ、（少なくとも若手から中堅までの）すべての弁護士に共有されていることだと思う。『このまま弁護士業を続けて、本当に大丈夫ですか？』と聞かれて『大丈夫です（キリッ）』と言える弁護士はどれほどいるのだろう」（花水木法律事務所のブログ）

現在の法曹養成や弁護士増員政策の向こうにあるのは、法曹界への離反と弁護士の廃業という破滅的な業界の未来像ではないのか、この廃業はすくなからぬ弁護士ブロガーに、そう受け止められたように思えます。そういう意味では、この廃業宣言はこの弁護士のダイイング・メッセージのようでもあります。そして、それはこの危機的状況を全く共有できていないといってもいい一般大衆にも伝えられるべきもののように思うのです。

「……今後ですか？　何もアテはありません。継げるような家業もないので、せいぜい会社員になるか、工事現場で交通整理でもやるか、そんなところでしょう。社会の歯車となって、細々とやっていきますよ」

彼はそんな風にも言っていましたが、今はどうしているのでしょう。彼がまだこうしたブログをのぞいてくれていることを期待して、彼に一言。

「いつもブログで、法律新聞の記事や私のコラムを取り上げてくれてどうもありがとう。励みになりました。あなたの宣言は、最後の一発として意味深く、そしてカッコよかったよ。でも、今後の身のふり方の下りはちょっとブルース過ぎます」

第1章　「弁護士の経済難」は本当か？

1　「経済難」か「儲けている」か

弁護士界の内部から聞こえてくる、増員による弁護士の「経済難」に対して、依然として、それを取り巻く世界の人々からは、「まだまだ弁護士は儲けている」という、正反対の評価の声が聞かれます。

「これまで高級車に乗っていたのを軽自動車に乗り換えざるを得なくなったことを、『貧困』とはいわない」と言う人がいました。当たり前のことですが、社会の平均水準を上回る生活のレベルだった人が、それを平均水準か、仮にそれを少し下回ることになっても、それは「経済難」でも「貧困」でもないということです。

当たり前のことのようでも、生活レベルが下がるご本人は、どうしても自分のなかの基準でお話しになる方が確かにいらっしゃいます。官僚や社会的地位が高いとされる方のお話の中には、「自分はもっと高給をもらっていい」「このくらいもらって当然だ」という、誰が決めたか分からない、業種業界の下げるべきではない確固たる報酬レベルを語るものがよく登場します。ただ、そういう方に、そのレベルについての社会的評価の裏付けに関して聞くと、なかなか明快な回答をしていただくことはできません。社会が、これだけの仕事をしているのだからこのくらいは報われて当然と考える、基本的なコンセンサスがあるわけではないのです。

ある意味、弁護士についても、これは例外ではありません。「まだまだ儲けている」という大衆の声の大部分は、こういう見方からくるものかもしれません。「もともと高すぎる給料が、たとえ一般並みになってもそれで何なんだ」「そこまで高給をもらわなくていいんじゃないか」などなど。

また、ある人は、資格業の行き過ぎた特権視を批判します。資格は、別に生涯の高給保証でも、地位保証でもない、あくまで本人の努力次第であるのは、他の世界と同じだと。つまり、弁護士の待遇問題をいう主張は、そうした保証を前提にして、資格にあぐらをかいているのだというのです。

実は、この手の主張は、社会のなかでかなり強く言われ、おそらく弁護士が考えている以上に、大衆への浸透力を持っています。

これらは、基本的には正論だと思います。あるいは弁護士の主張から、この部分は、ちゃんと差し引かれなければなりません。

ただ、逆にいえば、差し引くのはこの点だけでなければなりません。つまり、こうしたイメージだけをいま起こっていることすべてに当てはめてしまうのは、それはそれで間違いです。

　厚生労働省の統計に基づいて、業種ごとの年収を紹介している「年収ラボ」によると、二〇〇八年の弁護士の平均年収は八〇一万円。一位のパイロット一二三八万円、二位の医師一一五九万円、さらに下の五位警察官八一三万円の次の第六位。上場企業でいうと、課長職の八五〇万円を下回り、係長職の六八五万円を上回って、全平均四三七万円よりは、まだかなり上に位置しています。

　実は弁護士の平均年収は、その三年前の二〇〇五年には二〇九七万円となっています。抽出調査での調査母体数が少ないことによって、実態にそぐわない数値が出ている可能性もあります。しかし、この三年間に何があったかといえば、年間七〇〇人増程度で推移していた弁護士人口が、二〇〇五年の前年から約一〇〇〇人増え、その後、二年間毎年約一〇〇〇人、残り一年は約二〇〇〇人と、計約四〇〇〇人増えているのです。

　その二〇〇八年の弁護士数の合計は二万五〇四一人、それが二〇一一年二月一日には、既に三万四七九人に達しています。また、毎年二〇〇〇人ずつ増えるということは、最大の東京弁護士会の会員数の三分の一、つまり三年で東弁一個分、最小の旭川弁護士会で換算すれば、実に毎年四〇個分の弁護士が誕生していることになります。

　これは、弁護士会内の世代別の勢力図に、明らかに異変をもたらしますが、同時に全体平均では把握しきれない年収の大きな偏りができているはずです。

つまり、前記したような正論に立って、弁護士の主張を差し引くとしても、この急激な増員の変化は、少なくとも弁護活動に影響する「経済難」を一部にもたらしている危険はないのか、とりわけ、弁護士会でかなりの比重を占めだしている増員された部分の実態はどうなのか、という問題があるのではないでしょうか。

要するに「まだまだ儲けている」というのは、どの部分の話をいっているのかということです。大きな比重を占め出している新たな弁護士層にスポットを当てても、それが、贅沢が普通になるのを嫌がる特権資格者のエゴの話なのか、そこが問題です。そして、その層が五年、一〇年後、どういう形になって存在しているのかいないのか、その間社会にどういう影響が出るのかということです。それを念頭に置かず、「淘汰」しかいわない、年間三〇〇〇人増、将来五万人論が、果たして本当に国民のためになる話かどうかです。

後に述べる司法修習生「給費制」存続に関して、朝日新聞は二〇一〇年一一月に社説を掲載しています。この内容については猪野亨弁護士が既にブログで批判的な分析をされていますが、この社説は、日弁連の「金持ちしか法曹になれなくなる」「借金があると利益第一に走り人権活動ができなくなる」という主張を「脅しともいえる言葉」と表現しています。

大マスコミは、どうしても「弁護士がいうほど大変ではない、なんとかなるんだ」ということを大衆に刷り込もうとしているようです。ここでも、フェアな判断が阻害されているようにも思われます。

2　若手弁護士が苦しい

若い弁護士が今、経済的に苦しいということは、どのくらい社会に認知されてきたのでしょうか。大新聞も、その現状を取り上げてきていますが、「なんだかんだいっても、弁護士は儲けているんじゃないか」という定着したイメージのなかで、まだその深刻さが伝わり切れていないようにも思えます。

どのくらい深刻かといえば、聞こえてくる話は、例えば、弁護士になって最初の三ヶ月くらい収入がゼロ、国選の割り当て分のおこぼれや、弁護士会の法律相談などに殺到、月収は稼ぎだしても二〇～三〇万円で、事務所費や弁護士会費を引くと残るのは半分、とか。生活のためにアルバイトをしたいけれど、お金にはならない細かな仕事や、本業の方の仕事探しでそれもできない、とか。そもそも弁護士になっても就職する法律事務所がない。

弁護士会が若手弁護士を対象に行ったアンケートで、「弁護士会に求めること」として、「生活費の援助」を挙げた人もいたそうです。

なんで、そんなことになっているんだ、と思われるでしょう。弁護士はこの一〇年で一万人増えています。要するに、数の急増にそれを支える有償のニーズが追いついていないということです。なのに、今後、年間三〇〇〇人ずつ増やし、現在の約三万人をゆくゆく五万人までにしようという話にまでなっています。

そんな状態でなぜ、増員をやめないのかといえば、政府も弁護士会も経済界も大マスコミも、基本的には、まだ増員してもやれるという立場なのです。日本弁護士連合会では、さすがに急激な増加の影響を懸念し始めて、現在の年間二〇〇〇人を下回る数の提言を出す方向で、内部で検討されているとも伝えられますが、将来的な年間三〇〇〇人や五万人の旗を降ろすというわけではないようです。もっともあくまで増員派の大マスコミや経済界が、そのペースダウン提言に、どう反応するかは未知数です。

要するに仕事はまだまだあるんだ、だから今はなんとか踏ん張れ、という話になっています。もっとも大新聞も、あくまでその方向で旗を振ってはいますが、対策となると、官と民で働き口を作れというだけで、具体的な妙案を提示しているわけではありません。

日弁連は弁護士や修習生を対象に法律事務所、企業・団体、官公庁、自治体からの求人情報をネットに掲載し、求人・求職両面からサポートするシステムを開設していますが、求職数に比べて求人数は少なく、「まだまだ仕事はあるから増員だという企業も、弁護士の求人を出したらどうだ」という声が増員反対派の弁護士の中からは出ています。そもそも弁護士会内が今の増員路線で一枚岩になっているわけではないのです。弁護士の中にも、この問題を深刻に受け止め、増員路線に反対する声はもともと強くありました。

深刻な就職難に加え、法科大学院の修了で数百万円の債務を抱えて、この世界に入ってくるというような金銭不安もあります。これまでの一発試験の司法試験を改め、「点からプロセス」と銘打って、医学部のようなイメージの教育機関の立ち上げに全国の大学がわれもわれもと立ち上げたのですが、根本的に法曹になるのにはお金がかかることになってしまいました。受験生の試験技術への傾斜などが批判された狭き門の司法試験でしたが、そういう意味では、機会としても経済的にも、幅広い人に受験のチャンスがあったという意味で、本音では「前の方がよかった」という法曹関係者も少なくありません。

二つのことが気になります。ひとつは、今の若手弁護士、ひいては弁護士全体の経済的状況の実態、また増員を含めて、それらが社会にもたらす影響について、増員論の大マスコミの論調の中で、本当のところが国民に伝えられているのかどうか、ということ。

もうひとつは、弁護士という仕事がこんな状況だと知った時に、それでも今の若者はこの世界を目指すのか、ということ。もっとも、そうして早々に弁護士界にだれも魅力を感じなくなれば、どんなに旗を振ったって五万人時代なんてこないことになりますが。

3　日弁連の「就職対策」の見え方

弁護士の就職問題について、日弁連・弁護士会は二〇〇七年以降、組織として取り組んでいます。日弁連は弁護士や修習生を対象に法律事務所、企業・団体、官公庁、自治体からの求人情報をネットに掲載し、求人・求職両面からサポートするシステムを開設しています。

せいぜい大新聞の報道する情報の一つとしてしか弁護士・会の実情を知らされていない多くの大衆が、このことだけからも、日弁連・弁護士会は弁護士の就職の世話もしている組織、食っていけるだけの面倒をみている組織とみられても不思議ではありません。

さらに、うがった見方をすれば、もともと日弁連・弁護士会が弁護士の就職市場に介入する存在なんだとみられる恐れも、なくはありません。弁護士会が動けば、就職の道が開けるという判断に基づいているととられることからくるものでもあります。さらに、そのことは、あたかも保身から供給を制限してきたとされる弁護士会エゴ批判と結び付けられることもあり得ます。

ただ、日弁連・弁護士会は、資格者としての生活保障のために動いているのではありません。日弁連が二〇一一年三月二七日に発表した「法曹人口政策に関する緊急提言」にも、その意図は示されています。

「二〇一〇年末の新六三期の弁護士一斉登録時点で、前年の一・六倍の二一四人の修習終了者が未登録という事態が生じており、弁護士、弁護士会、関係者の努力もありその後改善が見られるものの相当多数の者が弁護士として法律事務所に就職できない状況は今後もさらに深刻化して続くことが懸念される。このような就職難が生じること自体、当初予測されていた弁護士への法的需要が社会に現れていない証であるという指摘もなされている」

「もともと、就職難は社会全体の傾向であり、弁護士だけが特別というわけではない。しかし、市民の権利の守り手である弁護士が実務家として一般社会や市民の要請に的確に応えていく能力を身に付けるためには、先輩法曹の指導のもとで実務経験を積み、能力を高めていく、いわゆるオン・ザ・ジョブ・トレーニング（ＯＪＴ）がどうしても必要である。それが就職難のために得られないとすれば、実務家として必要な経験・能力を十分に修得できていない弁護士が社会に大量に生み出されていくことにもなりかねない」

つまり、日弁連が就職問題の対策をとるのは、なにも弁護士を食わせるためでも、生活保障でもなく、経験不十分な弁護士を結果として世に出すことを問題視しているということ、さらにいえばそういう事態による弁護士全体の信用の失墜への懸念、弁護士自治からの責任という観点に立っているとみることもできると思います。

ただ、そうだとすれば、ここで一つはっきりしてくることがあります。つまり、日弁連・弁護士会がこうした弁護士の増員政策で発生した不測の事態と、「実害」に対応した就職対策に乗り出し、その原因が「当初予測されていた弁護士への法的需要が社会に現れていない証」とまで言及したのであれば、日弁連は弁護士の激増政策に反対しなければ、しかも弁護士会が「介入」しなくても適正に就職できたレベルまでの合格者引き下げを提言しなければ、その行動は矛盾することになるということです。

二〇〇七年以前の実績からみても、そこで年合格者一〇〇〇人以下というラインが提示されてもおかしくない現実はあると思います。

しかし、違う見方もあります。日弁連は増員賛成派だったのではないか、というものです。今、激増政策の被害者のようなことを言っても、実は「ニーズはまだまだある」「大丈夫」といってきた日弁連はどこにいったんだ、という話です。あるいは、この就職対策も、日弁連が増員政策を支持した共同責任者として、「掘り起こし」に協力し、なんとか「想定内」の状況にするための、当然の努力とみられてもおかしくはありません。

前記「緊急提言」も、過疎対策や裁判員制度対策では、今の増員ペースによらなくても対応可能とまでいいながら、肝心の「ニーズ」があるのかないのかについては、問題を棚上げにして、まだ回答を留保している感もあります。

ましてペースダウンでの増員基調や将来五万人などという目標も、いったん白紙にして、「当初予測されていた弁護士への法的需要が社会に現れていない」、いわば判断ミスの責任を率直に認めた方針転換でも宣言しなければ、この就職対策そのものが、誤解されて社会に伝わる可能性があります。

弁護士になって食えないのは自己責任、食えなければ退場し適正人数が残るだけ――もし、こうした考えには立たない、立てないというのであれば、これから実害がどれほど生まれるか分からない「淘汰」の論理に支えられた弁護士大増員路線などには、とても加担できるとは思えません。

4　「激増時代」の弁護士の姿

弁護士の最大関心事は何か。今、弁護士にこんなアンケートをとったら、どんな回答が返ってくるのでしょうか。

弁護士界の中には、それこそいろいろな考え・思想をお持ちの方がいるので、「こうだ」といえば、「俺は違う」という言葉が、すぐ返ってくるような世界なのですが、それでもやはり、弁護士の増員問題の行方は多くの弁護士の関心事といっても異論が出ないように思います。

実は増員問題は、長く弁護士会で議論されてきたテーマです。それこそ、かつては弁護士から裁判官を採用するという、本来の「法曹一元」実現のため、その裁判官の給源確保という趣旨から弁護士をもっと増やすべきという話もありました。

今は、そんな話は全くといっていいほど聞かなくなり、その必要性は「ニーズ」という言葉でくくられています。「ニーズ」があるから、増やさなければならないのだと。

だが、皮肉にも弁護士が今、増員問題に関心を持つのは、そうした「ニーズ」にこたえるはずの増員政策が、端的にいって、うまくいっていないからです。いうまでもなく、うまくいっていない中身は、弁護士の経済的な存立を揺るがしているということです。

もっとも、多くの弁護士の関心事は、「増員の行方」よりも、もっと切実なものかもしれません。

ある中堅の弁護士に聞くと、返ってきたのは「管財事件と債務整理事件の動向」でした。その数の減少で、今それで食いつないでいられる多くの弁護士の運命が決まるからだそうです。

今、食べていくためなら、極端な話「何でもやる」という弁護士は沢山います。どんな法律相談でも、国選でも、見向きもしなかった簡裁での事件でも。簡裁代理への司法書士の進出に対して、神経をとがらす弁護士がいる背景には、そうした弁護士界内のムードも関係しています。

これは若手ばかりの話ではありません。ベテランといわれている層にも、ひたひたと経済難の影が押し寄せているようです。ある意味、これまで弁護士・弁護士会が体験したことがないような状況といっても過言ではないと思います。

この中に、問題となっているおカネに絡んだ弁護士の不祥事の種がひそんでいることもまた、もはや弁護士自身が否定できないことでしょう。

なんだかんだいっても、やはり弁護士は、これまで恵まれた経済環境にあったと思います。それは需要に対して、供給側が調整を図る弁護士の人数抑制策が行われてきたからだ、と批判的に言う人がいます。要するに、一人の弁護士への実入りがよくなるように、司法試験という門を使って、自分たちで操作していたんだというわけです。

そうとられても、しようがないとは思います。ただ、一概にいえないのは、これまでの経済環境だから、なんとかやれてきた弁護士の活動もあります。だれもやりたがらないような刑事事件、人権擁護活動、再審請求運動など、弁護士が手弁当で活動してきた世界があります。それには、多くの時間が割かれます。少ない時間を民事で稼ぎ、多くの時間をそうした活動につぎ込んできた弁護士たちを知っています。

これまでの経済環境がこわれれば、そうした弁護士の活動そのものが維持できなくなります。そうなれば、結局、その部分が私たちの社会から欠落することになります。そのことは、「弁護士を甘やかすな」という話とは別の次元で、国民がとらえなければならないことだと思います。

もっとも、激増時代の弁護士について、おそらく多くの国民は既に、増員推進派の方々が考えているのとは違うイメージを抱いているように思います。

弁護士が増え、競争が起き、社会の隅々に弁護士があふれることで、この社会がよくなる、と考えている国民は、もはやどれほどいるのでしょう。弁護士が増えることで質の悪い弁護士が社会にあふれ、国民が騙されるケースが増えるかもしれない、気をつけろ、という不安感・警戒感が、ネットなどを見ても勝っているように見えるのですが。

5　弁護士が「営業」を意識する時代

これからの弁護士に必要なものは何か――。こうしたテーマについて語られる時、最近、弁護士からも「人脈」とか「営業力」といったことが挙げられるようになりました。

これは、市民からみれば、あるいは事業活動の要としてごく一般的なものとして理解されるかもしれません。独立開業系の資格業についての独立成功の秘訣といえば、ノウハウ本などでは定番のキーワードだと思います。

ところが、法律関連の士業の中で、弁護士についていえば、これらのキーワードがあまり掲げられてこなかった現実があります。弁護士の中には、こうした士業の間で、最もそれらを意識していなかった資格業という人もいます。

いうまでもなく、それは弁護士が、これまで恵まれていたということを意味してしまいます。もちろん、弁護士の中にも、人脈づくりや営業活動に熱心な人もいないわけではありませんでしたが、そうした努力を二の次にしても、仕事が舞い込んでくる環境を作れてしまう人が多かったというべきでしょうか。

事務所に就職し、修業しながら、その顧客をベースに紹介という形で依頼を獲得し、やがて顧客を持って独立するといった、これまでの典型的な弁護士開業モデルのなかでは、ある意味、

「人脈」は自然と出来上がり、いわゆる「営業」努力に基づかなくとも集客がなされてきたとみることはできます。

それが、にわかに弁護士が「人脈」「営業力」を口にし始めたのは、これまたいうまでもなく、弁護士の中に自らの業務の将来に対する経済不安が高まってきているからにほかなりません。他士業との交流会などを通して、弁護士がいかにその点で努力をしてこなかったかを改めて自覚し、覚悟を新たにされている方もいるようです。「街弁」ならぬ「待ち弁」では、生きていかれないという危機意識ともいえます。

もちろん、「ソクドク（即独立）」時代の若手弁護士にとっては、これらは当たり前にのしかかっている課題といってもいいと思います。特に、「人脈」についていえば、「親弁」なき彼らは、自らのスキルアップと仕事獲得のために、弁護士界内人脈の構築が必要となります。伝えられる「ソクドク」成功例には、そうした先輩弁護士との「人脈」構築の重要性が強調されているものを見ます。

もっとも、これも一口でいえるほど、簡単なことではないと思います。これだけで「ソクドク」の成功への道が開けるわけではなく、弁護士に限らずどんな開業成功例にもあるような、個々の立場での環境的なメリットや、時には運も味方につけての話ではあります。

そもそも弁護士界内人脈でいえば、その拠るべき先輩弁護士が、決定的に余裕がなくなってきている現実は抜きにできません。あるいは、彼らの中には彼ら自身が、五年後一〇年後の生き残りをかけて、今、頭を切り替えることでいっぱいというのが、本音ではないかと思える現状もあります。

さて、弁護士の「営業」で最も問題とされかねないこと、あるいは注意すべきことは何でしょうか。おそらく、社会が最も悪い意味で反応することになるのは、「紛争の焚きつけ」ということだろうと思います。

弁護士は本来、紛争を抱え、あるいは抱える可能性がある人とのアクセスを確保する、接触障害を取り除くことが必要になる仕事であり、「営業」もその意味での努力とくくれなくはありません。広告も、その目的で肯定されます。問題は、弁護士のそうした積極的な大衆へのアプローチが、紛争そのものを作り出すことにつながった場合、あるいはそうされてしまう場合です。

「営業」というのは、まさしく弁護士のサービス業としての競争を多分に意識したものであることは間違いありません。弁護士界の中からは、弁護士増員時代の到来と絡めて「仕事の掘り起こし」的なことがいわれています。仕事がない、ニーズが不足しているという増員慎重論に対し、「まだまだある」というものと結びつけられて、この「掘り起こし」論が、もはや精神論としていわれている面もありますが、これは、ある意味、「営業努力論」と置き換えられると思います。

問題は、「掘り起し」と「焚きつけ」が、大衆にとっても、弁護士にとっても、区別がつきにくいということです。加熱する競争と「営業努力」のなかで、「掘り起し」という名目の「焚きつけ」が行われかねない危険があるのです。

それでも「日本はアメリカのような訴訟社会にはならない」という人がいます。ただ、そうであったとしても、そうした形で弁護士が乗り出す社会を本当に国民が求めているのか、そこが問題です。すべてを弁護士側が、「泣き寝入り社会になる」と位置付けて、こうした方向を進めていくのは無理があります。

他の士業や仕事が当然やっている努力を弁護士もやるだけだ、という声も聞こえてそうですが、どんな士業よりも、弁護士の仕事は、より紛争を作ってしまえる仕事、その危険性が高い仕事ということができます。そのことを考えれば、彼らより、そうした方向への歯止めとなる高い職業倫理が求められます。この現実を前提にする以上、彼らの「営業」努力の先行きを、社会が注視せざるを得ないことも当然のように思います。

6　弁護士「独立」の非常事態

ここのところ、弁護士の「独立」に絡む弁護士界内の話題といえば、「ソクドク（即独）」、つまり、若手の経験のない弁護士が、いきなり独立するケースの話が中心である観があります。日弁連・弁護士会として、彼らを支援しようとする動きが二〇〇八年くらいから出てきたのです。

日弁連では新規登録弁護士・司法修習生で、弁護士登録と同時にまたは登録後一年未満の早期に独立開業することを考えている人のメーリングリストへの参加を求め、開設手続きから事件処理についての質問・意見交換の場を作ったり、即時独立弁護士一人へ原則登録後一年間、五〜一〇年経験の弁護士二人がサポートする「チューター制度」を設けたりしています。また、現在までに全国五二会中二九の弁護士会が、なんらかの独立支援策に乗り出しています。

こういう形での若手の独立に懸念はないのか、と思われる市民の方もいると思います。実は、日弁連・弁護士会が、積極的に若手の独立を推奨している、というわけではなのです。弁護士の急増策の影響で、若手弁護士が既存事務所への就職ができない状況が生まれ、やむなく独立する事態を放置できなくなった、窮余の策というべきものなのです。

弁護士は登録後、法律事務所に勤めて三〜七年くらいで一本立ちして事務所を構えるのが、一般的な形とされていました。その間に、事件処理から業務全般を習得するのです。かつては事務所を経営する「親弁」から、それこそ弁護士道ともいえるような心得から人間教育的なことまでを指南された時代もありました。近年、その関係もドライなものになり、かつての「師匠」「恩師」は、単なる「上司」「トレーナー」のような存在になってきていましたが、それでも一通りの修業ができる場にはなっていたと思います。

独立の時の状況はさまざまです。勤務していた、いわゆる「イソ弁」（居候弁護士）時代に自ら開拓した顧客もあるわけですが、そこは「親弁」あってのという場合もあります。「のれん分け」のように、顧客をつけて独立を後押ししてあげる「親弁」もいれば、有力顧客の流出にまゆをひそめる「親弁」もいるという話も聞こえていました。

ただ、それでもこのスタイルは基本だったと思います。徒弟制度のようなムードは消えても、オン・ザ・ジョブ・トレーニング（ＯＪＴ）の確保として有効だったのです。委員会活動や派閥を通した人間関係がこの間に形成され、独立しやすい環境も整えることができる、という人もいます。

日弁連・弁護士会が、このスタイルを崩そうと思っているわけでもなければ、支援付き「即独」がこれより望ましい形と考えているわけでもありません。あくまで状況変化への対策です。ただ、この状況変化をどう見るかです。異変は、むしろ既存事務所のなかで起こっているのです。前記した独立モデルが崩れているということの方、つまり、独立したくない、したくても独立できない弁護士が増えている現実です。

一般的に勤務弁護士に比べて、弁護士事務所を経営する弁護士は三倍近い年収をとっているといわれてきましたが、当然、事業者として、事務員の給料をはじめとする事務所運営費を考えなくてはいけません。勤務弁護士の気楽さの妙味とくくれなくはありませんが、弁護士増員に見合う事件数がなく、収入につながる仕事が追いついていない現状からすれば、もはや年収の多寡や、自由業者の「夢」なんてことはいってられないという、これもまたやむを得えない選択として、独立しないという道を選んでいるというべきかもしれません。

それでも「ボス弁」が肩を叩かなくてはならなくなったり、「イソ弁」がそれを恐れていたりというストーリーが沢山展開されているようです。「ボス弁」自身が、独立を匂わさない「イソ弁」たちの本心をつかみきれず、また方針も立てきれない、というケースも聞こえてきます。

こう考えてみると、本当に独立支援が必要なのは、この本来の独立時期を迎えている弁護士層、さらにはそこから上の中堅の勤務弁護士層なのではないか、という気がします。彼らが独立できれば、単純に若手の受け皿となる事務所も増えることになります。

「それができれば苦労しない」という声が聞こえてきそうです。ただ、根本的な解決方策としては、「なぜ、それができなくなっているのか」というところに踏み込まなければならないと思います。

増員問題を含めて、法律事務所の経営環境の問題について、もっと弁護士側が意見を発信し、国民に伝えなければなりません。弁護士にとってというより、利用者・市民にとって望ましい「独立」の形ということが、今の支援活動からは伝えきれていないように思えます。

7　様変わりした「イソ弁時代」

「イソ弁」というのは、居候弁護士の略称で、法律事務所に居候している弁護士のことです。法律事務所に所属する弁護士の形態は、共同経営者から雇用されている人、さらには場所代だけ払って机だけ借りているような人までさまざまですが、「イソ弁」は経営者ではない弁護士です。ちなみに経営者で彼らの事務所の親分は、「親弁」「ボス弁」とか呼ばれています。

以前いた法律新聞社で、二〇年くらい前に、「私のイソ弁時代」という連載企画をやったことがありました。中堅以上の弁護士の方に、「親弁」の面影や教えを交えてもらいながら、自らの「イソ弁時代」の思い出を語ってもらう、リレー随想でした。

手前みそになりますが、当時、弁護士界の方々にそれなりに好評で、連載終了後も、何人もの方からシリーズの再開を求める声を頂きました。

しかし、何度か検討の俎上に上りながらも、結局、再開はなりませんでした。その最大の理由は、一口に言うと、往年のようなイソ弁時代のドラマが今はなくなってきてしまっている、ということでした。

かつて、「イソ弁時代」は師匠のもとでの純然たる弁護士の修業時代でした。いわば、徒弟制度のようなものだったのです。右左も分からない一年生弁護士に、「親弁」は法廷技術的なことや弁護士業務だけでなく、さまざまな弁護士としての心構えから人間教育的なことに至るまでを教え込む存在でした。それは「弁護士道」を伝える師匠のようにも見えました。

そこには、しっかりした師弟関係がありました。多くのお弟子さんを抱えるところでは、まるで院長回診のように、裁判所の廊下を「親弁」を先頭にお弟子さんの弁護士たちが、ぞろぞろとお伴して歩く姿があったそうです。

だから、当時、「私のイソ弁時代」の企画で、執筆を依頼されたかつての「イソ弁」たちは、みなさん、恩師に対する強い思いを込めて、この企画に賛同して筆をとってくださいましたし、また、そのことが同じように「イソ弁時代」を経験してきた読者のみなさんに共感を呼んだのだと思います。

ところが、いつのまにか多くの「親弁」「イソ弁」の関係が変わりました。関係性はドライになり、「イソ弁」にとって、「親弁」は普通の会社の上司、あるいは一時期お世話になるトレーナー的存在になったように思えます。そうした関係性の中で、かつてのような師弟ドラマもなくなってしまったのでしょう。そうなると、編集者としては全く妙味を感じなくなってしまいました。

まあ、法律事務所に限らず、社会全体で、そういう感じが流行らなくなったといってしまえばそれまでですが、やはり根本に教育というものに対する意識、とらえ方が変わったということがあると思います。

かつて弁護士は、数年「親弁」のもとで修業したのちそこを巣立ち、独立して事務所を構えるというのが、よくあるパターンでした。もちろん、今もそれはありますが、このパターンもかなり崩れてきつつあります。要するに、余裕がないのです。いまや何百人も弁護士が所属する大手法律事務所が存在し、まさに会社に就職するような形で入所している弁護士もいますが、それ以外の多くの事務所でも、独立することの困難さから、「イソ弁」を継続せざるを得ない、というか、独立を念頭においていない弁護士が沢山います。

さらに、皮肉にも、新人弁護士は深刻な就職難にさらされ、やむなく独立せざるを得ない「即独」という人まで出ている状態です。独立が新人弁護士の修業の先にある将来の夢、目標でなく、意に反する深刻な現実という状況があるのです。

最近も、経営弁護士と話をして、「おたくのイソ弁はどうですか」と尋ねましたが、独立という話は全くなく、「何を考えているかも皆目分からない」という回答が返ってきました。やはり企画「私のイソ弁時代」はお蔵入りです。

8　ある「良心的親弁」スタイルの指南

弁護士になると、先輩から「『自由と正義』に載るような弁護士になるなよ」と言われるという話が、二〇一〇年に出された弁護士を特集した雑誌に出ていました（『エコノミスト』臨時増刊一二月二〇日号「弁護士・会計士たちの憂鬱」）。

『自由と正義』とは、毎月日弁連が発行している機関誌で、毎回、司法問題の特集を組み、弁護士、学者が論稿を寄せています。もちろん、先輩が「こうした執筆者だけにはなるなよ」

といっているわけではありません。おそらく、弁護士ならばだれでも分かるはずですが、ここでいうのはこの機関誌の巻末の記事、日弁連が実名で公表している「懲戒処分に関する公告」を指しています。

「あそこに載るような弁護士は、実績のある弁護士の下で働くことをよしとせず、一匹狼的な弁護士が多い」ということも、どうやらこの弁護士は先輩から教えられたようです。さらにこの先輩の伝える心得を紹介すると、①「前からの攻撃より、後ろから刺されないように気をつけろ、つまり、訴訟の相手方より、クライアントともめないようにしろ」②「仮に懲戒請求をかけられても、仲間を作っておくと日ごろの働きから擁護の声を上げてもらえる。だから日弁連の委員会活動はマメにしておけ」――だそうです。

まあ、こういう指南も現実にはあるだろうな、という感想を持ちます。なぜなら、弁護士界の中で、聞かない話ではないからです。この指南された弁護士は三〇代の弁護士といいますが、むしろこうしたことを「おやじの小言」風に指南するのは、およそかつての「親弁」スタイルのような感じもしますので、あるいはこの先輩は、いまやこの世界では「良心的」という評され方をされるかもしれません。

懲戒処分に陥らないよう先輩がアドバイスする、外部からの嫌疑に人的な関係で結ばれた他の弁護士が救済に動く。先輩の指南が示している形を、この雑誌は「これが、古き良き、『弁護士自治』の実質的な姿」とくくっています。「弁護士自治」が、このエピソードでくくりきれるものとは思いませんが、このジャーナリストも、少なくともかつての「良心的親弁」スタイルという認識を持っていて書いていることをうかがわせます。

ただ、やさしい先輩の指南のエピソードも、大衆目線で見れば、誤解を招くだろうなとも感じます。とりわけ最後の、弁護士会の人間関係が懲戒請求での救済策になる、ととれる言い方は、この制度に対する「身内に甘い」「かばい合い体質」とする批判の補強材料になるかもしれません。

一匹狼の弁護士が懲戒にかけられた場合に、いわば人間関係の助け舟がないために、あらぬ嫌疑がかけられながら、懲戒されるということがあり得ていいわけもありません。そうなる可能性がある懲戒制度ととられることを、弁護士会がよしとするわけもありませんし、また、一匹狼の弁護士が常に懲戒に当たるようなことをやらかしかねない弁護士と睨まれることになるのも、問題なはずです。

もちろん、弁護士会の指導・監督だけでなく、会員同士の相互監視が弁護士会の自治に求められていた一つの形ではあったと思います。「一匹狼」にならない方が賢明とする弁護士のあり方も、いわんとするところは分かる話ではあります。

さて、こうした指南は、来るべき弁護士大量増員時代には通用するでしょうか。大量増員は、もちろん相互監視をさらに困難にさせますが、同時に、「実績のある弁護士の下で」働きたくても働けない、なりたくてなるのではない「一匹狼」弁護士を量産する可能性があります。

弁護士としての実務だけでなく、モラルにかかわる部分の教育・指南が、かれら「一匹狼」に、どのようになされていくのか、という問題があります。

若手に限らない経済的な余裕のなさは非行に走る弁護士をつくるかもしれませんが、それ以前に、対応の不備をめぐるクライアントの不満は、ともすれば懲戒請求につながるものとなります。懲戒制度に対する国民の期待を通り越した要求・不満が高まる一方、余裕のなさから弁護士会離れを起こさざるを得ない若手弁護士には、あるいは前記指南がいうような擁護の手はないことになり、仮にそうしたものが懲戒制度になんらかの役目を果たしていたとすれば、「誤判」の危険性も高まることになります。

そして、前記登場したような「良心的親弁」スタイルも、そうした過程のどこかで、「絶滅危惧」指定がなされることと思います。改めてそれはそれで、確かに一つの役目を果たしていたと、今よりも痛感しなければいけないときもまた、来るような気がします。

そう考えれば、やはり前記のような「古きよき」というくくりをしたくなる気持ちも分からなくはありません。

9　「弁護士」という仕事への正当な対価と評価

日弁連が二〇一一年六月に公表した、「弁護士業務の経済的基盤に関する実態調査報告書2

010」によれば、全国の弁護士の平均所得は一四七一万円、中間値で九五九万円とされています。

本章1でご紹介した、厚生労働省の統計に基づく数値に比べると、高い数値になっていますが、この手の調査は、そもそも調査対象の抽出の仕方によって違いが出てきてしまいますので、単純に比べることができませんし、どちらが正確であるという即断もできません。

そもそも抽出母数によっては、実態とそぐわない結果が出ている可能性もあります。

今回の結果についても、そのことを指摘している弁護士のブログがありました(「弁護士のため息」)。調査は、無作為抽出の一万人に調査票を郵送して得た一七九五人の回答に基づいています。回答率一七・九五%、つまり八二・〇五%の弁護士が回答をしなかったアンケートの結果の信用性について疑問を投げかけています。

ものすごい分量の調査票を送りつけられて、とても時間的に余裕のある人でなければ回答できないことや、「日弁連に自分の収入を把握されるのもイヤ」という本音もあるようです。そう考えると、やはりこの結果から、相当差し引かなければならない事情もあるようです。

それでも同一主体、同一条件で比べるという意味では、日弁連が前回二〇〇〇年に行った調査に比べて、平均所得で二三〇万円減少したそうです。

ただ、これを報じた六月一六日の毎日新聞朝刊は、案の定、この減少の方ではなく平均所得一四七一万円の方に注目し、「不況下でも依然として高所得の職業と印象づける結果」とくくっています。

この調査で出てきている中間値は九五九万円ですから、もちろん極端に儲けて、平均値を上げるのに貢献されている方がいることを念頭に置かなければなりませんが、一四七一万円と聞いて、一般的なサラリーマンなどの感覚からこれを高所得ととらない人はいないでしょう。

「これだけの仕事をしているのだから、これだけ報われていい」という、報酬レベルの社会的な評価という意味では、どうも弁護士は、「もともと高すぎる給料が、たとえ一般並みになっても何なんだ」「そこまで高給をもらわなくていいんじゃないか」といった批判にさらされます。

そこには、資格業の行き過ぎた特権視への批判もあり、資格は別に生涯の高給保証でも地位保証でもなく、あくまで本人の努力次第であるのは他の世界と同じだ、という言葉も浴びせられます。つまり、弁護士の待遇問題をいう主張は、そうした保証を前提にして資格にあぐらをかいているのだというものです。

ある意味、弁護士の主張から、この部分はちゃんと差し引かれてもいいとは思います。

ただ一方で気になるのは、必ず「一般的な」とくくられる、その比べる対象についてです。弁護士という仕事の内容、価値が、本当にそういう比べ方をすることが妥当なものなのか、という点です。つまり、「これだけの仕事をしているのだから、これだけ報われてもいい」という評価そのものも、それによっては変わってくるのではないか、ということです。

弁護士が楽して儲けているというのが、どの部分の評価なのかを考えなければなりません。ものすごい労力をかけ、依頼者と事案に向き合っている弁護士は沢山います。やはり、それなりの訓練と知識をもって判断しなければならないのは当然であると同時に、労働としてみた場合に決して楽な条件ではないとみられるものもあります。

定型的な処理で楽して儲けている、ということを当てはめている方もいるようですが、それは一部であることは事実です。「ぼっている」ということはよくいわれます。心得違いの弁護士がいることも事実ですが、弁護士全体をそのイメージでくるのは乱暴のように思います。彼らが地位ではなく、能力として特殊であるならば、それはそれなりの社会的な評価で報われるべきで、単純に「一般のサラリーマンに比べて」というのも、おかしな話ではあります。

このことは、実は弁護士の本音として、強く主張したい方がこの世界には沢山いるようです。ただ、前記社会的な目線の中で、そこを大上段に振りかぶって言えない現実があります。また、この世界を目指す人たちが、能力の取得のためにそれだけの労力を払ってきたとすれば、それを迎え入れる世界がいまのような状態でいいのか。あるいは前記のような社会的評価では、来なくなっても当然、という先輩としての思いを聞くこともあります。

なじみがないだけ、本当の大変さも伝わっていないのが弁護士の仕事です。それだけに、一部の人のイメージが全体に反映しやすかったり、そこにはやっかみに近いものまでも介入しがちだということになります。

弁護士の仕事の性格として、ニーズが沢山あっても、数をこなせば単価が下げられるという仕事では必ずしもないということも、理解されていないよう思えます。手を抜かないという前提である以上、安い単価のものを数こなすということ自体に限界がある仕事だと思います。その点では、専門家の方ですら、理解していないととれる方がいらっしゃいます。

弁護士の責任を考えるとすれば、なぜ弁護士の仕事について、そこまで不当に儲けているというイメージを形成してしまったのかです。弁護士の仕事の大変さよりも、そのことが上回って伝わっている現実は、何によるのでしょうか。

「社会的地位」といわれるものが、実はそのイメージとともに、徐々に弁護士の労力を社会に伝わりにくくさせてきたような、そんな印象を持っています。

第2章　淘汰される弁護士

1　弁護士増員論議の中の「淘汰」

最近出席したある会で、そこに来ていた経営者の一人が、「今回の司法改革は失敗だったと思う」と切り出しました。なぜそう思うのか尋ねると、彼はこう言いました。

「弁護士を増やしても、結局、質の悪い弁護士が増えただけじゃないか」

その後は、裏の取りようがない、彼の出会った質の悪い弁護士たちのエピソードが続く、よくあるパターンになったわけですが。ただ、少なくとも今、一般大衆が「質が悪い」と感じる弁護士と遭遇した場合、それを今回の弁護士増員の影響として結び付けたとしてもこれはしょうがないと思います。

経済的に追い詰められる状況になれば、総体的に悪いことに手を出す輩は増える、教育という面が伴わなければ、粗製乱造になっても当たり前じゃないか――大衆がこう考えるのは、ある意味自然です。

弁護士側からすれば、弁護士に限っては、たとえ経済的に追い詰められようともそうはならない、そうはならないはず、そうなってはならない、といったことを言う人はいるでしょう。ただ、言ってはなんですか、そういう意味で弁護士という存在を特別扱いして見てくれる大衆のイメージがもはや存在するのかといわれれば、それは甚だ疑問です。

弁護士増員路線の背中を押すものとして、法曹界や経済界のなかで、「淘汰」という言葉が使われてきました。数が増え、競争が行われ、良質なものが残るのだと。

弁護士という仕事に経済人がいうような競争原理はなじまないといったような言葉が弁護士界サイドから出ると、即座にこの「淘汰」を正当化する発想のもとに、弁護士の自己保身、特権にあぐらをかいた思い上がりのようにたたく意見が出たりします。自由競争の社会で当然といえるようなことに、弁護士は何を甘ったれた発想をしているんだと、そんなことで生き残れると思っているのか、と。

もっとも、弁護士界でも相当数の方が、頭を切り替えていらっしゃいます。ある弁護士は、こう言っていました。

「富士山型に裾野を広げなければ、頂点も高くならない」

要するに、裾野を広げても問題はない、「淘汰」のなかで質の悪い弁護士は退場を余儀なくされるのだから、ということです。

ただ、最大の問題は、この「淘汰」のプロセスです。確かに、競争が行われれば退場者は出るでしょう。でも、その間の実害はどう考えるのでしょうか。質が悪い弁護士に出会えば、被害をこうむるのはもちろん大衆です。しかも、それがいつまで続くかも分かりません。「淘汰」のプロセスでの被害は、やむなしということでしょうか。

「淘汰」という考え方の最大の弱点は、その間の質の保証はどうなるんだ、ということです。そこを、他のサービスや商品と同列に語っているとすれば、それは大衆にとって次はない一回性の弁護士とのかかわりで、あるいは、人生まで変わってしまうかもしれない、その職業の性格をあまりにも軽視していないでしょうか。もし、ここを市場に預けるというのであれば、少なくともこのプロセスの部分についての、質の保証は放棄したととられても致し方ありません。

それは例えれば、新薬について、副作用があればその薬は売れなくなり消えていくのだから、世の中に出してしまえばいいのだよ、良薬はそうやって残るのだから、と言っているように聞こえます。裾野とされるところに、いったん質の悪い弁護士が放たれることをどう考えるかの問題です。

もちろん、「淘汰」をいうのであれば、今いわれている弁護士の就職難や経済的困窮は全く問題ではないということになり、あるいは弁護士会があわてふためいて組織的に対策を講じるような話ではないと言い出す人がいてもおかしくありません。なぜなら、それこそが「淘汰」のプロセスということになるからです。

ここで一つ、被害者になるかもしれない大衆に、正直にこうおうかがいをたててみるべきではないでしょうか。

「よりよいサービスのために弁護士を増やして『淘汰』させようと思います。ただし、その間、少々質の悪い弁護士が出て大衆に被害が出るかもしれません。そこの質はちょっと保証しかねますし、それがいつまで続くかもはっきり申し上げられません。それでも、あなたは今、弁護士を大量に増やした方がいいとお考えになりますか」

2 弁護士の「使い勝手」

一般的に、利用者の視点に立つということは、「使い勝手」、つまり使う側の便利さという視点で語られることが多いと思います。それは、弁護士についても同じです。

弁護士の「使い勝手」は、大きく二つの観点で語られます。

ひとつはアクセス。弁護士が身近にいて、市民が求めたときすぐに接する、たどりつくことができる存在であるということです。それは、たどりつくための手段の確保と数の問題としてとらえられます。

日本司法支援センターの活用、弁護士会の窓口・会広報の充実化、弁護士の偏在の解消、そして弁護士の増員というテーマにつながっています。

「国民に身近な司法」という司法改革のキャッチフレーズが意味するところも、市民にとっての「使い勝手」をよくすることと換言できなくはありません。

司法関係者の理解としては、この見方に比重があるように思えます。ところが、一般市民の感覚だと、どうもそちらよりも優先順位が逆ではないかと思えるのが、もう一つの観点、「おカネ」です。

弁護士をこれまでより安価で利用することができること。それが、「使い勝手」をよくすることなのだという見方です。もともと、弁護士の報酬がいくらかかるのか、市民に分かりづらかったことがありますが、とにかくおカネがかかる、高いというイメージを市民は持っています。できるだけ弁護士のご厄介になりたくない意識につながっていることは確かです。

また、そもそも今回の弁護士増員という「改革」は、金銭的に弁護士を「使い勝手」のいいものにしようとする経済界の意図を背景にしている面もあります。

もちろん弁護士から言わせれば、高いかどうかは別の話ですが、少なくとも「身近な司法」というテーマの中で、弁護士費用の低額化が、一番の課題として取り上げられたわけではありませんでした。

社会の弁護士が増えることへの期待感も、どうも法曹界でいわれるアクセス障害解消よりも、違うところにあるような描き方があります。

「本人訴訟」に関する『読売新聞』二〇一一年一月一二日夕刊の記事（「『本人訴訟』への弁護士の姿勢」）には、弁護士の増員についてこんな記述が出てきます。

「競争が生まれることで弁護士費用が下がり、依頼しやすくなると予想されていた」ところが、弁護士が増えたのに「本人訴訟」が増えているのは、依然として費用が高額だからだというのです。「読売」は、「司法改革　効果に疑問」という見出しまでふっています。競争による低額化は、「改革」の効果として注目されていたのだということを強調しています。

弁護士からすれば、低額化の競争に妙味があるとは思わないでしょうが、ここを最優先に見ていないのは、必ずしもそのためとは思いません。そういう競争が必ずしも市民のためにならないのではないか、と考える人もいたのです。もちろん、質が低下すれば、それは「使い勝手」以前の問題でもあります。

ここで二つの考え方があります。法的サービスを常に一定のレベル、一定のコストで提供する責任を司法が全面的に負うという考え方。もう一つは、レベルに応じたコストを、あくまで国民が選択することができる形を確保する、という考え方です。前者が主に弁護士など法曹界の旧来からの考え方、後者は主に弁護士の隣接士業、つまり弁護士以外の法律専門職の方のなかにある考え方です。

大まかにいえば、前者の立場に立てば、競争による低額化には弁護士側が、むしろ神経をとがらせなければいけない話になりますが、後者は市民側が、低額化による選択、あるいは弁護士だけに限らず士業全体で比較した選択が可能になる利便、「使い勝手」と同時にそのリスクは自己責任で負う、ということになります。

どうも「改革」の期待の仕方として、社会は後者に傾きつつあるように思いますが、果たしてそれが大丈夫なのかは、まだ疑問があります。それは、一つには情報の問題があると思います。国民の選択がフェアにできる環境が果たしてあるか、あるいは現実につくれるのかどうかということです。もちろん、自己責任とはいっても、一定の「質」が担保されていない、ということになれば、それは低額化のリスクでは片付かない問題です。

さらに肝心なことは、前記した二つの考え方について、それこそフェアに市民に提示されたとき、市民は本当はどちらに期待するのかということもあります。

それにしても、弁護士増員で低額化するということは、低額で支えられる弁護士の増員状態を意味します。それは、劇的な件数の増加か（もっとも一人の力では薄利多売にも限界がありますが）、劇的な弁護士の収入減少によらなければなりません。

日弁連内の増員推進派はもちろん前者を期待し、それ以外の方々は、後者を懸念しているともいえなくありませんが、大マスコミは「そもそも弁護士は儲けているから、まあどちらにしても大丈夫だろ」といっているように見えてしまいます。

3　「余裕」の描き方と受け止め方

増員の是非をめぐり、意見が分かれている弁護士界ですが、今の弁護士が経済的に「余裕がない」現実については、相当程度共通認識にはなってきていると思います。

もちろん、弁護士業をこれまで営んできた方々の中には、「古き良き時代」と比べられての話ですし、比べる体験がない若手の方々は、「余裕がある」状況が分からない、というよりも、「余裕なんかなくていいから生活をさせてくれ」という方々もいると思います。

こうした弁護士の「余裕」に対して、およそ大マスコミ、経済人など弁護士大増員路線の推進を唱える方々の受け止め方は、大きく分ければ二つになると思います。一つは「甘え」。もう一つは「嘘」です。

前者は、これまで弁護士が人数の供給調整をして、自分たちが楽して儲けられる環境を作って、それが増員によって崩れてきたことを嘆いているというとらえ方です。弁護士に対して、努力を求める見方で、「余裕」自体も特権にあぐらをかいてきた姿勢から来る発言として、「余裕なんかなくていい、みんな余裕なんてない」という、弁護士の心得違いをいう批判論につながっていきます。

後者は、端的にいって「余裕はある」もしくは「まだまだ余裕があるはず」というもので、現に儲けている弁護士たちを例に挙げ、あたかも「弁護士は分かっているのに嘘をついている」というとらえ方です。

どこの世界にも儲けている層はいるのですが、それを例に全体として「まだまだ」をいうものので、それに反論ないし反対のスタンスには、前者の切り口が加味されます。「儲けているのに儲けを減らされたくないから増員に反対している」、つまり「余裕」を守るために「嘘」をついているといっているようにとれます。

さて、この弁護士の「余裕」をごく一般的に国民の利益という観点からみると、もし、それが推進派論調のいうように「甘え」や「嘘」ならば、それも彼らがいうような、あっていいはずの競争がないために、国民がもっと受けられるはずの「よりよい法的サービス」がアクセス（弁護士数）と価格面で阻害されているような話になります。

一方、弁護士が「嘘」ではなく、「本当に経済的に余裕がない」とすれば、どうなるでしょうか。倫理観が低ければ不祥事に発展し、そうでなければ本来やれることができなくなるか、リタイヤするか、だと思います。

「余裕」がない人間の競争が、必ずしも生き残るための「よいサービス競争になる」とは限りません。数をこなすために「質」を落とすことも考えられれば、カネにならない仕事に手を出さない傾向が強まることは、もちろん考えられます。「弁護士もビジネス」というのであれば、それ相当の割りきった姿勢で臨む人間も増えてきておかしくないでしょう。既に書いたように、大衆との関係で弁護士という仕事が一回性の仕事でなければまだしもですが、次がない（次は別の弁護士にしようという機会自体がない）だけに、依頼者にはとりかえしのつかないものになります。

実はあたかも弁護士に対して、「甘え」「嘘」と厳しい論調を突きつけるのが「国民のため」

といわんばかりの推進派の方々は、この辺をむしろ楽観視し過ぎているように思えます。

市民が今、経済的にゆとりのある弁護士とない弁護士、どちらを選ぶかといえば、おそらく前者を選ぶと思います。現実は、それこそゆとりのない弁護士の中にも、真面目に依頼者に臨む人もいるし、真面目に臨むゆえにゆとりがない人もいるでしょうが、市民感覚からすればそのことよりも、ゆとりのないことによって手を抜かれたり、おカネに汚くなったり、よからぬ発想に立つのではないか、ということの方を危惧するはずです。

企業系のニーズがこれからの増員時代を支えるような見方もありますが、そもそも現在企業系の仕事で儲けている法律事務所は、大衆の抱えるこまごまとした紛争を積極的にカバーしているわけではありません。もともとビジネスとして割り切っている方々が儲けているわけで、こうした方が増えても、大衆にとって必ずしも「利」がもたらされるとは言えません。したがって、「本当に余裕がない」人間がリタイヤし、今、「儲けている」人間が残ればいい、ということにもなりません。

本来は、ある程度のゆとりがなければ、カネにならない仕事をやりたくてもできない場合があります。もっといえば、もともとそんな考えに立つ弁護士ばかりではないというのならば、少なくとも、これまでそれでやってこれた弁護士たちがいなくなります。彼らこそ、この国の大衆にとっては必要な弁護士です。

したがって大マスコミなどは、どうしてもこのことを、弁護士全体の「嘘」「甘え」というスキームで描かなければなりません。

ただ、嫌な感じがするのは、その描き方の無理も、彼らは本当は分かっていてやっているのではないかということです。「儲けている人は儲けている」「やり方によってはやれなくない」という手法は、大変失礼ながら、高級車や海外旅行の写真とともに「あなたもこうなるのが夢ではない」といったコピーとともに掲載されている、いかがわしい商法の勧誘を連想します。そういう人がいるのが「嘘」ではなくても、全員がなれないことを百も承知で言っているとうかがわせる点で、どこか共通しているように感じるのです。

4　「時代の流れ」と割り切られる結果

弁護士の報酬の分かりにくさは、昔から言われ、今も言われています。

かつて弁護士の報酬基準規程がありましたが、二〇〇四年四月一日から廃止され、弁護士が自由に料金を定めることになりました。理由は、公正取引委員会から独占禁止法違反の指摘を受けたことと、規制緩和の流れということになっています。

当時の弁護士のなかには、これには首をかしげる人がかなりいたように思います。ただでも分かりにくさで市民から定評がある弁護士報酬について、こともあろうに高いといわれる「敷居」を低くしようという時に、基準廃止はどうなんだ、というわけです。費用を請求される依頼者が、尺度になるものがなければ、混乱することは目に見えています。

さすがに日弁連もなんとかしなくてはと思ったのか、ある意味苦肉の策として、全国の弁護士に弁護士報酬についてのアンケートを取り、それを一つの目安として提供し今日に至っています。

さて、広告解禁と並び、報酬自由化もいまや弁護士の規制緩和の具体的な成果として振り返る見方を目にします。

表向きの弁護士の反応は、広告解禁でわれもわれもと乗り出したわけではなかったのと同様、報酬自由化後も、多くの弁護士は、新しい料金を定めたわけではなく、なくなった旧基準に基づく方針を打ち出しました。

ただ一方で、自由化の理解の仕方としては、おそらく大部分の人が、ある意味「時代の流れ」として納得すると同時に、競争時代の到来を否応なく意識させられるものだったと思います。広告と同様、競争のために積極的にそれを必要と感じていたのは、少数ながら、多くの弁護士が割りきった形で受け入れようとした観があります。

しかし既に、この流れのツケが回ってきたというべきかもしれません。日弁連は二〇一一年二月に開いた臨時総会で、過払い金返還請求などの債務整理で、一部、弁護士と依頼者との間でトラブルが起きていることを受けて、弁護士報酬に上限を設けるなどの規程案を可決、広告についても報酬の基準を表示する努力義務を課しました。日弁連としては、個別業務を強力に規制する異例の方策です。

これはとりも直さず、過払い金の着服や巨額のテレビＣＭを繰り出す利益至上主義の新興事務所の登場など、「昔サラ金、今法律事務所」とまでいわれる弁護士の姿の大きな変貌があってのことです。

宇都宮健児・日弁連会長は、昨年の就任当初から、この一〇年間の広告解禁や弁護士報酬規程廃止の再規制の検討を視野に入れていることを発言していました。方策に至る危機意識を既に強く持っていたようです。

一方で、これはある意味、弁護士業は「ビジネス」と割り切る先に待っていた当然の結果とみることもできます。弁護士のなかには、もちろんこうした方向に眉をひそめる人もいます。ただ、これがビジネス化であるというとらえ方は、弁護士界の外にもあります。この前記日弁連の方策自体にも、「サービス」を掲げて反発する弁護士もいます。

さて、これからの話です。弁護士界を眺めてみると、「ビジネス」と割り切ることで時代の最先兵になる意向を既に固めている方は、実はまだ少数派。あとはビジネス化に依然抵抗を感じている方と、そしておそらく最も多いのは、これまで同様「時代の流れ」として、なんとか受け止めなければならないと考えている方ではないでしょうか。

意外な弁護士の時流適応とも、諦めの良さあるいは社会的な孤立感への恐怖感とも思えてしまいます。いずれにしてもここは、弁護士としてはこれまでを振り返り、健全に発展する未来ばかりを想像せずに、この流れについて慎重に立ち止まって考えるべき時のように思います。

5 「甘やかすな」で片付かない現実

弁護士を増やすことに反対、もしくは慎重であることは、彼らを甘やかすことであるという論調が、あたかも市民目線であるように語られています。

弁護士を増やして彼らをこれまで以上に競争にさらさせることは、より良い法的サービスとなって返って来るのだと。これは、本来そうあるべきなのに、彼らが楽をするために自ら作った数の環境が、彼らをして甘やかさせていただけなのだと。そしてそのことは、どの職業でも同じであり、彼らだけを特別扱いをする必要は全くないのだと。

これはある意味、「不公平」のイメージと、「よりよくなる」という方向において、大衆に伝わりやすい切り口だと思います。間違いなく、これまで「儲けている」職業とみられてきた仕事である弁護士が、特別扱いされてきたことの反感や、そうした仕事が変わることをよしとする気持ちがあっても、当然といえば当然です。

しかし、そう単純に考えられない面もあります。その最大の理由は、弁護士という仕事は、社会にとっても個人にとっても「危険」な存在になり得るものだからです。彼らに特別な資格を与えているのは、法律という危険物を取り扱うことになるものでもあるからで、なぜ危険かといえば、法治社会においては、法律が絶対的な力を持つからです。

彼らはもちろん、基本的人権の擁護と社会正義の実現という使命のもと、この危険物の適正な運用を監視しなければなりません。そのために彼らは、能力だけでなく、その点での強い自覚が求められます。なぜならば、その能力は一つ間違えれば、危険物の不適正な運用を許すのみならず、その自覚次第では、自らの利のために国民に多大な被害を与えることもあり得る仕事だからです。

とても残念なことですが、今現在、そうしたことの犠牲者は確実に出ています。弁護士会には懲戒制度があります。日弁連の機関誌『自由と正義』の懲戒処分公告を見れば、いかにその自覚がない弁護士が、市民・依頼者に被害を与えているかが分かります。

しかも、これがすべてとは言えません。懲戒を申し立てられ、現に処分に至ったケースだけの話です。程度はさまざまですが、市民の声に耳をかせば、裁判や交渉の過程で、弁護士によるその立場、職責への自覚のなさがもたらしているととれる「被害」の話は、巷にあふれ返っています。懲戒されても取り返しがつかないことだっていくらもある、逆にいうと、取り返しがつかないということが、危険物を扱っている彼らの仕事であり、また彼らの自覚でなければならないとみるべきです。

誤解のないようにいえば、もちろんそんな弁護士ばかりではありません。ただ、この言い方も微妙です。心得違いは一部の弁護士であっても、それで弁護士全体のイメージダウンにつながる現実はあります。もちろん、そういう弁護士ばかりでないからいいということにも決してなりません。

懲戒制度を働かせても、何をもってこれが機能しているのかを考えると評価は分かれます。起こってしまったことへの戒め、弁護士自治としての役割としての示しのつけ方ではありますが、それがどれだけ抑止力になるのかは見方が分かれます。実績として、弁護士会が不祥事を抑止している、これからも減らす、その責任を負うと断言できる弁護士は、実は少ないのが現実です。

弁護士はサービス業といえば、言葉としては正しいかもしれません。だから、他のサービス業と同じでいい、「淘汰」されればいい、と果たして言い切れるのでしょうか。「淘汰」というのは、実はいつまで続くか分かりません。年間数千人がこの世界にきて、もし、懸念されている通りこのままニーズが増えなければ、えんえんと流入後に生き残りをかけた「淘汰」が繰り返される。サービス業としての自覚が、「危険物」を扱っている自覚を失わせないかどうか、そう考える弁護士が現れないかどうかは、残念ながら現在までの実績で見るしかありません。

「淘汰」論理は、とりわけ企業系の方から声高に聞こえてきます。「成長戦略」だ「国際的に通用しない」だと、企業ニーズと弁護士の関係で、この社会の依頼者と弁護士の関係をすべて当てはめるのは間違いです。企業はより自分たちのニーズにあった弁護士を、より安く、より使い勝手良い形で選択したいと思っていますし、数を含め、その環境を作りたいと思っています。

この関係では、一般依頼者との関係に比べ、継続的な企業の活動の中で次の弁護士の選択が考えられます。企業活動においても取り返しのつかないことはありますが、大衆との関係に比べれば、はるかに一回性の関係ではありません。逆にいえば、弁護士のサービス競争の利も見込め、リスクも少なくできる、「淘汰」の論理を当てはめやすい条件が整っているとみるべきです。

ゆえに彼らからすれば、弁護士がサービス業と割り切ることこそ望ましく、また大企業であれば、ニーズを強調することも間違ってはいないかもしれません。問題はそれを弁護士全体にあてはめ、大衆にとってもプラスであると単純にあてはめられるかどうかの問題です。

大衆の目も肥えている、馬鹿にするな、という言い方もなされますが、現実問題として弁護士に関する情報も含めて、大衆が弁護士を選択できる環境は十分に整っているわけではありません。これからも多くの大衆にとって、弁護士との関係は、突然降ってわいた不幸のような紛争の中での、次がない一回性のお付き合いです。しかし、前記したような生き残りをかけた競争は、一回性のものでない一般のサービス、商品と同様の効率化を伴った利潤追求の視点で行われることになります。きれいな絵ばかりは、想像できません。

そこで質のいい弁護士を選べないことを自己責任というのは、あまりに酷であると同時に、その酷をいうことが「馬鹿にする」ことにはならないと思います。

大衆のなかに、弁護士に対するニーズがないわけではありません。ただ、大衆に大量の弁護士を経済的にささえるだけの、おカネを出す用意があるニーズがあるわけではありません。もし、そのニーズのために弁護士が必要というのであれば、その数を支えきれるだけの環境を整えることを考えなければなりません。そこを他のサービス業と同じに、弁護士の競争・努力と、大衆の自己責任にすべてゆだねることが、大衆にとって本当にプラスなのかということです。

「甘やかすな」という言い方ですべてが語り切れないことも、大衆に伝えられなければなりません。

6 「企業ニーズ」に寄りかかる増員論

右には、はげ頭に腕まくり、小脇に背広を抱えこぶしを挙げて額に汗をかきながら何かを訴えるおじさんと、そのうしろには、同じくこぶしを挙げている背広姿とワイシャツ姿の若者。左には、彼らを見下すように腕を組んで見ているスーツ姿の紳士ら二人。真ん中には、「VS」という文字と、めらめらと燃える炎――。

これは、昨年ある雑誌に載った弁護士会の現在の世論状況を描いたイラスト、いわば風刺画のようなものです。弁護士大増員の見直しを求める「街弁」や若手弁護士と、増員継続を主張するビジネスローヤーや新興法律事務所との対立を描いています。

二〇一〇年、ビジネス系の雑誌が組んだ二つの特集が、弁護士界で話題となりました。一つは『週刊東洋経済』五月二二日号の「弁護士超活用法」、もうひとつは『エコノミスト』の臨時増刊一二月二〇日号「弁護士、会計士たちの憂鬱」です。両誌とも、今、弁護士界で起きている「異変」にスポットを当てていますが、特集は、これがビジネスマンたちの関心足り得るテーマになってきていることを示しているともいえます。

前記イラストは、前者『東洋経済』に登場するもので、「五里霧中の司法制度改革」という章立ての中で、「深まる内部対立　大増員継続か、見直しか真っ二つに割れる日弁連」として、二〇一〇年の日弁連会長選挙と、増員路線をめぐる対立的意見などが紹介されています。

こうした特集は、企業法務や新興事務所の立場とともに、宇都宮健児・日弁連会長のインタビューや若手の経済事情、あるいは弁護士モラルの低下といった事象を取り上げ、それなりのバランスをとった誌面構成にはしています。

ただ、これを読んで改めて思うことは、弁護士の増員、正確にいえば増員してもなんとかなるという見方が、いかに経済界側の要請もしくは目的といった視点に支えられているか、ということです。

増員をめぐり登場する人々のコメントは、要所要所で、いかに企業活動をサポートするのに弁護士が必要であるのかを強調しています。「中国も韓国もインドも多数の弁護士を輩出し、それを成長戦略の武器にしている。日本だけ少なくていいロジックはあえない」「グローバルな弁護士・会計士が足りない」などなど。

弁護士の仕事を人間の体に例えて、在野法曹、弱者救済を掲げて活躍する弁護士を、毒素を運び出す「静脈系」弁護士、企業をサポートするのは「動脈系」弁護士として、後者が決定的に不足している、オーバーフローは当たり前で、むしろ足らず、オーバーフロー弁護士は「動脈系」で活躍されることになる、という企業系の弁護士の話が出てきます。

また、今をビジネスチャンスと見る新興事務所の弁護士の意見と、企業内弁護士をウェルカムとする大企業の法務部門の人の意見などが出てきます。

あくまでビジネス系雑誌ですから、それ相応の読者を意識した視点があっても当然ですが、読後に残る印象は、弁護士大増員の大方針の受け皿は企業活動の中にあるということ、反対・慎重論を唱える弁護士もいるが、やる奴はちゃんと増員時代に向けてシフトしているということ、そして、増員をやめるという選択肢はないということが言いたいのか、という感じです。

実はこの切り口は、なにもビジネス誌のコンセプトからくるというわけでは必ずしもありません。大増員既定方針の大新聞も、表現こそいろいろですが、必ずといっていいほど「大丈夫」論のなかで言っていることです。

しかし、仮に企業系弁護士が必要で、彼らが将来「大丈夫」とするならば、若手とこれから弁護士を目指す人達には、とりもなおさず企業系を目指せ、というメッセージになります。大量増員後の弁護士の経済基盤はあたかも、企業系が支えると。それ以外のこの国の弁護士はどうなるとみればいいのでしょうか。

一方で市民社会の中に大量にあると強調される「ニーズ」は、有償・無償がごちゃまぜに議論されてきましたが、こちらが弁護士を経済的に支えるか支えないかは、もはや心配しなくてもいい、ということになるのでしょうか。「静脈系」は沢山いるそうですが、「動脈系」への鞍替えということになりましょうか。

こうした雑誌の企画を、受け皿となる企業に対する啓蒙ととる人もいるかもしれません。それこそもっと弁護士を「活用」せよ、受け入れよ、というメッセージを企業側に送るものということです。あるいは、この点では「まだまだある」論でいきたい弁護士会関係者には、歓迎すべきスタンスととらえられているかもしれません。

ただ、「官民ともによろしく」という掛け声だけなら、増員問題に関する大手新聞の社説でお見かけする常套句です。企業内弁護士採用の実績をみるまでもなく、その先の現実的な話となると、なんともあいまいな感じです。

司法改革論議が始まって以来、弁護士会内の増員推進派が強調してきたのは、ある意味「二割司法」や偏在で泣き寝入りしてしまうような、大衆の「静脈系」弁護士への大量ニーズだったように思います。「動脈系」を増やすために、この国の弁護士を大量増員する、大丈夫というのであれば、そういう方々は、少なくともこの国の「静脈系」がどうなるのかについての責任も負うべきだと思います。

そこは、弁護士が食えるか食えないかは、鞍替え如何を含め、弁護士の自己責任とおっしゃる方もいるかもしれませんが、この結果で影響を受ける大衆に、自己責任があるとは思えません。

7　弁護士増員と「競争」の誤解

弁護士の大増員のメリットをいう人は、弁護士界の内と外にいます。言い分の共通しているキーワードは、おそらくアクセスとサービスの向上です。

弁護士界の中で、増員の弊害をいう声が高まっているなか、界内で最近、メリットをいう側からよく聞かれるのは、地方での弁護士アクセス向上の効果をいう話です。いままで弁護士がいなかった地域にいるようになった、これは増員のメリットであり、今後も増やせば、こうした形で地方で弁護士は身近になるのだ、というものです。

ところが、全く逆のような話も聞こえてきます。地方の弁護士はほぼ飽和状態で、多数の弁護士が食べられるニーズはない、と。

これは多分、どちらも地方の現実なのでしょう。両者の弁護士とも、目の前で起きていることからの正直な感想なのだとも思います。

ただ、日本の弁護士全体を増やし続けるという選択を考えた時に、地域の個別的な事情もある前者のようなメリットだけを参考にできるのかどうかです。

全体が増えたことで、地方にいく人が増えるという主張は、増員論議のなかでいろいろな形で取り上げられてきた話ですが、たとえ現象的に地方流出が起きても、必ずしも地方のニーズが大量増員された弁護士を経済的に支えられるという話になるわけではありません。

局所的な地方でのアクセス改善のメリットと、そこは別の視点で考えなければなりません。

もっとも、弁護士界の外から増員によって既に効果としてアクセスが改善された、という話はあまり聞きません。それは、一般市民にとっての弁護士の「使い勝手」という意味での優先順位は、アクセスよりもおカネということでもあるからだと思います。

今のところ、前記のような局所的な差はあれ、多くの大衆は弁護士が増えることで、「身近」になるというアクセス改善の効果をそれほど感じないまま、ふれこみの効果を見守っている形のようです。ただ一方で、増えることで質の悪い弁護士も増えるという現象が、リアルにマスコミなどを通して伝えられていますから、効果に対する期待よりも、不安の方が高まっている印象も持ちます。

サービスについても、弁護士界の内と外で語られるニュアンスが違います。増員によってサービスが向上するのは、一般的に弁護士のサービス競争が行われるからだ、という理解の仕方があります。

弁護士の中にも、この競争というとらえ方を真正面から受け止めている人が増えてはいますが、「増員」のメリットとして語られる時には、「弁護士の意識の変化」といったニュアンスを帯びて言われることが多いのです。他者を蹴落とす「競争」がもたらした影響というよりも、増員された弁護士たちがより市民のニーズを考え、サービスを考えるようになった、という言い方です。

もちろん、これは「競争」の効果と同じ意味かもしれませんが、どちらかといえば、「これまでのように黙っていて仕事がくる時代ではない」という認識が弁護士の中で強まった結果だと思います。

ところが、一般のサービスへの期待感の第一は、なんといっても金銭的なサービス、つまり「使い勝手」＝安価です。「増員」による「競争」への期待は、弁護士を安く使えることです。これは市民だけでなく、今回の「改革」で、こと弁護士については経済界の期待も結局そこにあったといっていいと思います。安価という意味での「使い勝手」がいい存在に弁護士を変えることなのです。

ここについては、弁護士の意識とは、依然隔たりがあると思います。

そもそも、弁護士の「競争」をどう考えるべきなのでしょうか。大事なことは、一回性の取り返しのつかない仕事での「質」が問われる弁護士にあって、「競争」は必ずしも「質」の競争をもたらさないということです。「質」をカバーするための価格競争、広告競争が起こったとき、それがもたらす結果をすべて自己責任に基づく市民の選択として片付けられるかという問題です。

「淘汰」の理屈からいえば、「質」の悪い弁護士には退場が待っているから、市民にはプラスになるはずですが、「質」が悪ければ、次回から買われなくなる商品と同じように弁護士のサービスをとらえなければ成り立ちません。

本来的に弁護士の「質」は競争ではなく、資格制度と弁護士の自治で守られるべきとする考え方も、弁護士会内には根強くあります。

これは増員慎重派の弁護士も、つとに主張してきたことではありますが、実は消極的増員派の多数の弁護士の方々も、こうした弁護士の「競争」がはらむ危険性について、実は分かっているんじゃないか、と思えます。ただ、競争を真っ向から否定する言い方をすれば、その姿勢が社会から、またぞろ弁護士の特別な地位にあぐらをかいた主張ととられることを恐れているのです。

弁護士に特権的なあぐらをかかせないことと、弁護士にこういう形での「競争」をさせることとは、市民も分けて考えなければ、かえって市民にツケがまわってくる結果になりかねません。もっとも、それを弁護士の口から言うと、またぞろ「脅迫的」などと書く大新聞もありそうですが。

8　弁護士を「商品」にできる関係

弁護士の増員を契機に、弁護士自身の意識にも変化が生まれつつあります。多くの弁護士の口から、ここまで将来的な業務維持への不安を聞くことがかつてあっただろうか、とも思ってしまいます。

競争への覚悟、いわばビジネスとして割り切る覚悟が、意識として広がっている観もあります。もちろん、これまでもそうしたスタンスで仕事をし、ビジネスローヤーという括り方をされることにも、何ら抵抗がなかった方からすれば、「何をいまさら、弁護士はもともとサービス業ではないか」と、その自覚の遅さをいう話にもなります。

かつては、「弁護士を雇う」と表現しただけでも、「雇うとは何事か」とめくじらを立てる弁護士もいたほどです。そうした姿勢は、独立ということへの強いこだわりであり、プライドであったとしても、半面、威張る弁護士の姿勢が、えんえんとその敷居を高くしてきた一因であることも否定できない事実です。

一般のサービス業としてみると同時に、ビジネスとしても割り切っていく方向は、それを健全なものとみようと思えば、前記したようなこれまでの弁護士の心得違いがつくってしまった「敷居の高さ」への反省として理解し、また理解されるのかもしれません。

　ところで、弁護士がビジネスであるという自覚は、自らが提供するサービスを「商品」ととらえ、それを売り込むという行為も伴います。ただ、それなりの覚悟ができている人でも、自分自身が「商品」とまで考えている方は、まだそれほどいないのではないでしょうか。

　しかし、企業法務の方から聞こえてくる話をみると、まさに弁護士そのものが「商品」とみられていると感じることがあります。

　二〇一〇年、経済雑誌の弁護士特集で、大手企業の企業法務担当者による興味深い覆面座談会が掲載されました（『週刊エコノミスト』臨時増刊二〇一〇年一二月二〇日号）。

「法務担当者のホンネ炸裂　こんな弁護士は使えない」と題されたこの座談会では、法務経験三〇年から四年の法務経験者六人が参加しているのですが、要するにここから見えてくるのは、弁護士の使い勝手にこだわった、法的サービスのツールとして見る、「弁護士商品」への目線といってもいいものです。

　既に従来からのトップが使い続けてきた大先生事務所を「スキルが上がっていない」から現場では「そろそろ縁を切ってもいい」という話になっていること、チャージの問題が一番大きく、「事務所で何時間仕事をしました」という時給換算の請求が、効率作業をチェックできないので問題であること、リターンに見合うコストを理解し、うまくやってくれる弁護士だと継続的に付き合えること、事務所のブランドで選ぶと大失敗。口コミに次ぐ口コミで優秀な弁護士を探し当てること——などなど。

これ自体は、使う側使われる側の関係では、ビジネスと割り切られるなかで、ある意味、当然のことであり、大した問題ではないのかもしれません。

ただ、見落とせないと思ったのは、一番長い法務経験三〇年の人が語った次の言葉です。

「長く法務をやっていると、知り合った弁護士の数も相当な人数になる。それなりに目が肥えた部分はあると思うので、この弁護士に頼んで失敗、ということは近年ではあまりなくなっている」

「弁護士は口コミで紹介してもらったり、訴訟の相手方の弁護士だったけど優秀だと思ったから、その案件が終わったあと付き合い始めた人もいる」

法務経験三〇年にして、弁護士に当たり外れがなくなってきた彼の話。いわば、これが陳列されて、売り込まれてくる「商品・弁護士」を、リスクなく選べる大企業の環境なのではないのか、と思えるのです。恒常的な弁護士との付き合いのなかで、選ぶ側が主体となり、よりよい能力とサービスを比較する機会を使い、だめなものは切り捨て、よいものを残し、そうしたなかで選ぶ側の目が肥えていく、あるいは肥えた目にこたえようとする弁護士が現れはじめ、競争を展開し、また売り込んでくる。

おそらく今、弁護士増員とともに語られるあるべき弁護士の「競争」の形とは、こうしたものなのだろうと思います。だとすれば、この法務マンの言をみても、そのイメージが一般的な大衆と弁護士の関係に、いかにあてはめられないか、逆にいえば、それがどういう限られた層のニーズから逆算されたイメージかが、はっきり分かるように思えるのです。

前記したような弁護士たちの覚悟が、果たしてこの点をどういう風に理解したものなのか、あるいは理解していないものなのか、その辺が気になるところです。

9　「利便」の競争のリスクと自覚

福島原発事故の影響で、突如として市民生活のなかに登場した「計画停電」という状況は、日本国民全体に急速に、現在起こっている事態の深刻さを認識させるものになりました。と同時に、これまでの当たり前に過ごしてきた日常生活が、いかに電気というものとそれに支えられてきた数々の「利便」に頼ってきたかを、大衆は思い知ることになったと思います。

こうした状況に関連して、震災後のテレビの討論番組で、ある民主党の議員が、これまでのように電気を使いたいだけ使うという発想を疑問視するような発言をしたところ、同席していた人々から、「そんな先進国はない」「それでは何も生み出せない」といった趣旨の言葉を浴びせられるのを見ました。

これからも予想される電力不足のなかで、「節電」あるいは「省電」への意識は、今回の震災の大きさと深刻さに比例して、大衆のなかにこれまでになく広がってきている印象を持ちます。ただ、それでも社会にいったん成立した「利便」を投げ捨てることは容易なことではなく、また、現状がそういう視点に立っているわけでもありません。

なくてもできる、なくてもやれた、無駄を省こうという気持ちは共有しながらも、社会が電気のない生活、電気に頼らない生活を目指すという話でももちろんありません。文明は逆戻りさせられないというように、もはやコンビニも携帯もパソコンもない時代に戻ることは社会が求めず、さらにより「利便」を追求していく方向自体は変わらないでしょう。

そう考えれば、「利便」という価値観が、いかに私たち現代人の中に強固にあり、優先的な存在、時に排他的なまでの価値を有してしまってきたのかも見えてきたように思います。

もちろん、それは経済的な競争が、技術革新やサービスのアイデアを伴った「利便」の競争として成立させてきたからだとも思います。

商品は、「利便」のマイナーチェンジがなされて市場に流れます。広告は、そのチェンジを誇張して大衆・消費者の購買意欲を煽ります。既に大衆が所有している物が、「利便性」で劣るという烙印を押させ、チェンジによる購買を生むということです。

しかし、市場経済を成り立たせているこうしたシステムに、大衆は注意を払わなければなりません。「利便」の強調は大衆の中の優先的な価値観を刺激しますが、それが果たして本当に必要なのかという判断を、マヒさせる場合があるからです。まだ現在の物でいいではないか、使えるではないか、そこまで便利でなくても、という大衆のとらえ方は、実は提供者もしくは市場経済にとって、都合が悪いと思っている方々は沢山いらっしゃいます。

さらにいえば、「利便性」を含めた新たな価値の判断を鈍らすのに、ブランドというものが貢献している面も否定はできません。「信用」が緻密な判断を乗り越えてくれることに、ブランドがあぐらをかく、この社会でときどき問題となる悪しき関係です。

さて、ある意味で、自他ともに一サービス業として位置付けられ始めた弁護士という仕事はどうでしょうか。

問題になった債務整理事件処理で、日弁連が会規化した「直接面談原則」にしても、「メールを利用してなぜいけない」という意見が弁護士の中にもありますし、なぜと考える大衆がいないわけでもありません。リスクをいうのであれば、大衆の「利便性」を阻害しない形を追求するのが、サービス業としては当然の姿勢という見方といってもいいかもしれません。

広告についても、「勝訴率」を含めもっと具体的に判断材料を与えよ、という意見がありま す。弁護士選びの「利便」という観点からは、他の企業広告などと比べ、弁護士の広告の実態は、原則自由とされながら、実質的に規制でがんじがらめだ、という声も聞きます。ここもサービス業の姿勢として、問われてくるかもしれません。

逆にいうとこの意味では、弁護士会がこうした事柄にあえて慎重な枠組みを作っている理由と現実的な問題について、まだ大衆には十分伝わりきれていないということはあると思います。

と同時に、サービス業と競争を強く意識し出した、大増員時代の弁護士自身がこのことをどう考えているのか、という問題もあります。市場というステージでの競争は、当然に「利便性」も、その大きな集客と企業努力ならぬ士業努力のポイントになりますが、前記したような、いわば当たり前ともいえる大衆の判断マヒのリスクがあります。

そして、最も問題なのは、あるいは、自己責任を伴って、既にこの社会の商業活動でも存在していることうしたリスクが、こと弁護士という法律を武器に、場合によっては生命・身体・財産を運命付ける仕事のリスクとして、きちっと計算され、また今後も、計算されていくのかという点です。

これには弁護士も依頼者となる市民にも自覚が必要です。もっとも弁護士は、これまで弁護士ブランドというべきものにあぐらをかいてきた現実がなかったわけではありません。ただ、こちらの方はどんどんブランドイメージが下がってきているようです。むしろ、サービス競争こそがそのブランドイメージを回復するのだ、という強い自覚を弁護士の口から耳にすることもあります。

それだけに、これからの「利便」の競争で、弁護士一人ひとりが、何をブレーキとして自覚するのかも、むしろ市民としては要チェックだと思います。

10　弁護士「成仏理論」が描き出す未来

ご存知の方もいらっしゃるかと思いますが、「弁護士成仏理論」というのがあるそうです。

出典は雑誌『法学教室』二〇〇六年四月号巻頭言。これを提唱されたのは、高橋宏志・東大名誉教授。伝聞になりますが、伝えられているのは以下のような内容です。

「問題の捉え方がそもそも間違っている。食べていけるかどうかを法律家が考えるというのが間違っているのである。何のために法律家を志したのか。私の知り合いの医師が言ったことがある。世の中の人々のお役に立つ仕事をしている限り、世の中の人々の方が自分達を飢えさせることをしない、と。人々のお役に立つ仕事をしていれば、法律家も飢え死にすることはないであろう。飢え死にさえしなければ、人間、まずはそれでよいのではないか。その上に、人々から感謝されることがあるのであれば、人間、喜んで成仏できるというものであろう」

弁護士を含め、法律家は聖職であるということのようです。食べていけるかは仕事を選んだ目的ではないはず、お役に立っていれば、飢え死にはしないと。そしてこの理論だと、依頼者・市民に喜んでもらえれば、弁護士は仏さんになるということです。

弁護士の増員や経済難の主張に対して、弁護士側の心得違いをいうような論調がありますが、ここまで厳しいことをおっしゃるものはないように思えます。ただ現在、日本の巨大ローファームの客員教授もされていらっしゃるこの方の理論は、現実離れしたものとして、賛同よりも反発とあきれ返る関係者の声ばかりが聞こえてきます。

そういえば、「改革」を牽引され、かつては弁護士会にも多数の「信者」を抱えていらした中坊公平・元日弁連会長も、「弁護士報酬はお布施」と言っていらっしゃいました。謙虚さや弁護士の覚悟を説く論の特徴でしょうか。聖職意識というか、もはや宗教的境地に目覚めよという風であります。

さて、最近も弁護士のブログのなかで、この「成仏論」が登場していました（「福岡若手弁護士のblog」）。五島ひまわり基金法律事務所の古坂良文弁護士が「九弁連だより」二〇一一年一月号に投稿した一文を紹介しているのです。

それによると古坂弁護士は、これまでの経験から、弁護士が弁護士過疎地に定着するのは、経営的に困難を通り越して無謀、今回の過払いブーム終焉後、一〇年二〇年の長期スパンで考えた場合、経営を維持するに足りるだけの売上を継続的に維持できるかについては大いに疑問と指摘。「人がいないところ、企業がないところには、事件はない。人が減れば、企業が減れば事件も減る」と断言しています。

そのうえで、弁護士過疎地への弁護士常駐に不可欠なのは「経営維持を重視しなくていい環境」だとし、それは四つだと。一つは日弁連のひまわり公設事務所、二つは法テラスの四号事務所（過疎地支援事務所）、三つは弁護士法人の支店を置いて、支店の赤字を本店の黒字で埋めること、そして最後が成仏理論だと。

弁護士過疎解消を支えてきたのは、いわば弁護士の有志の精神であると思います（第6章9「弁護士過疎と増員の本当関係」）。

まさか前記の文脈に成仏理論が登場するとは思いませんでしたが、もはや四番目のそれは、有志の精神を通り越していることは誰の目にも明らかです。

これを見た別のブログ氏はこんなことを書いていました。

「弁護士の増員が続く中、成仏理論が普及すれば、食べていけるだけの仕事すらなく即心仏になる弁護士も増えそうですね」（「弁護士法人リーガルプラス」）

弁護士増員の影響の出方は、それこそ地域によっても業態によっても違い、一つの形にくくることはできません。うちが大丈夫だからほかも大丈夫、とはいえません。それに合わせて、将来必要となる覚悟、受け止めなければならない現実も、さまざまなことが言われているのが現在です。

一方で弁護士の全体的なイメージの描き方は大マスコミを含め、まだまだ大衆に比べて儲けている、甘やかしてはならない仕事です。

そんな見方に影響された市民のなかには、どうもそうした弁護士の収入ダウンの方向に、溜飲を下げている風もなきにしもあらずです。あるいはそんな人たちには、覚悟としての成仏論に拍手を送る向きもあるのかもしれません。

しかし、一方で聖職意識とは程遠い、競争の必要性をいい、生き残りをかけてより実入りのいい仕事に群がる弁護士を生み出そうとしながら、そうした弁護士たちが目もくれなくなる仕事を、有志の弁護士たちに食うことを度外視して成仏覚悟でやらせるという話を本当に国民は知っているのでしょうか。

「こんな形を求めた覚えはない」。そんな不満の言葉が、浴びせられる弁護士の未来が、こないとは限りません。

第３章　弁護士倫理と悪徳弁護士

1　「悪徳弁護士」の正体

悪い弁護士の話は、もはや巷にあふれかえっているといっても過言ではありません。インターネットの普及で、情報としてその存在が社会に広く伝えられてもいます。「悪徳弁護士」という言葉は昔からありましたが、この現代日本の社会でも、「悪徳」という言葉の使い方としては、「悪徳商法」に次ぐぐらい一般的になっているのではないでしょうか。

ネットなどで流れている「悪徳弁護士」という存在は、大きく二つに分かれます。一つは、ある人々、ある勢力にとって「悪徳」とされた弁護士、もう一つは、だれが見ても（もしくは法的に）「悪徳」な弁護士です。

前者には、例えば「反日」だとか「左翼的」だとか、政治的な立場での評価であったり、逆恨みなどからの事実に反した悪口、誇張を含んだ中傷が含まれます。

問題は後者です。もちろん、前者を言う人びとは後者に該当すると主張しますし、ここの判断は微妙なものもあります。政治的な立場は、ネットという環境も手伝って、世論の支持を形成すれば、あるいは後者の「だれが見ても」という評価につながる可能性はありますし、「事実に反している」かも、究極は裁判所か弁護士会が評価することです。

いずれにしても、後者の完全にアウトという、「悪徳」とされても仕方がない弁護士が存在することは事実です。

弁護士の不祥事は、それこそミスに近いものから、悪意に満ちているととれるものまで程度の差があり、どこからが「悪徳」と呼ぶにふさわしいかは明確ではありませんが、一般的な認識として、およそ次のようなものに大別されます。

①弁護士という立場を利用した依頼者・相手への恐喝的な行為。
②依頼者・相手双方からの謝礼の受領を含めた相手方との内通。
③弁護士報酬の法外な要求。
④依頼者から預けられた供託金などの金銭の使いこみ。
⑤依頼者へ連絡しない、やるべき手続きを怠るなど受任案件の放置。

普通の弁護士に言わせれば、①〜③の行為については、通常の犯罪同様、発覚のリスクを考えたら、およそやるわけがないものです。どの世界も犯罪を犯す輩はいる、といえなくもありませんが、ここは、よりによって正義を使命として掲げている弁護士に、こうした人間が紛れ込んでいる責任はだれかが負うのか負えるのか、という次元の話だと思います。

多いのは④と⑤です。日弁連の機関誌『自由と正義』には、懲戒処分を受けた弁護士の実名と処分理由を載せた公告が掲載されていますが、こうした案件が最近、多くなっている印象です。

かつて供託金に関しては、ある依頼者から預かったものを別の事件の供託金として流用し、別の事件の依頼者からの入金はないまま、結局、弁護士の使い込みという扱いになる、といったパターンを説明する弁護士もいました。

ただ、最近はちょっと事情が違うかもしれません。要するに金銭的に余裕がないのです。拝金主義には、もっと贅沢をしたい、稼ぎたいという欲望からくるものと、経済的に余裕がないことの結果からくるものがあります。

一般的には儲けているとされる弁護士ですから、なかなか理解されにくいとは思いますが、実は経済的な余裕のなさが非違行為に手を染める弁護士の傾向につながっていると思います。もちろん、その背景には弁護士の増員という状況もあります。増えた分だけ悪い奴が増える、という一般的なくくり方はできてしまいますが、増員自体が作った経済的な環境の問題ということ抜きには語れません。

もっとも、いくらそんなことを言っても、こういう行為をやらない弁護士はやりません。質、倫理の問題をいわれてもしようがありません。弁護士会の懲戒制度そのものの効果を疑問視する見方もありますし、それ以上に、同制度が「悪徳」を厳しく罰していない、といった弁護士会不信のような論調がネット世論のなかにはあります。また、そうした認識のもと、自力で「悪徳」と闘おうとする市民の呼びかけもみられます。「被害者の会」的なものが、今後広がる可能性がないわけでもありません。

弁護士の懲戒件数は、二〇〇九年七六件と、日弁連が統計を取り出して以降、最悪を記録しました。新受件数は前年をやや下回ったものの、一四〇二件と二〇〇三年以降、年間一〇〇〇件以上が続いています。

この問題について、弁護士と弁護士会が、新たな姿勢で臨むことが必要になってきています。

2 「弁護士倫理」という原点

およそ今の日本社会に広がる「不正」には、それを支える共通の発想があります。ひとつは、「ばれなければやってもいい」という発想。つまり、「不正」そのものに対する罪悪感やそれに手を染めることを避けるプライド、良心が欠落している、ということです。

そしてもう一つは、もしばれないのであれば「やらなければ損」という「ヤリ得」感です。この発想の怖いところは、いわば伝染することです。つまり、他人の「不正」の成功例を魅力的に感じる人間が、また不正に手を染める「ヤリ得」感の連鎖です。支えている発想は、もちろん前者と同じですが、経済的精神的な余裕のなさがこれを後押しすることになっています。

高い職業倫理が求められている弁護士にしても、実は例外ではありません。「不正」に手を染める発想そのものは、別に特別なものではないように思います。

かつて弁護士会には「弁護士倫理」という規定がありました。二〇〇四年に、これに変わるものとして、「弁護士職務基本規程」というものが制定されました。当時、日刊紙はこれを「弁護士の倫理定める」という見出しで報じていますし、これが現在の弁護士倫理という扱いになっています。

ただ、両者には決定的な違いがあります。「基本規程」は会規として制定されているということ、つまり強制力があり、違反すれば懲戒の対象になる、という点です。

そもそも「倫理」というものは、外面的強制を伴わない内面的な規範です。自制がそれを支えることになります。およそ職業倫理というものは、その構成員が常に内的に持ち合わせていなければならないもので、これが社会に向かって宣明される以上、その倫理を遵守できる人間がその仕事に就いていなければならないという、一種の社会的誓約が存在するといっていいと思います。

かつて存在した「弁護士倫理」も、自制を支える指針として、自らの行動を規律する社会的責任の宣明であるというのが、おそらく当時の大多数の弁護士の理解だったと思います。その意味では、強制が伴う「基本規程」は、「弁護士倫理」とは違うものです。弁護士にとっても、ここは必ずしもこだわりどころでなかったわけではありません。二〇〇四年の「弁護士倫理」

廃止、「基本規程」制定の際には、強制力が逆に弁護士への圧力に利用されるという懸念論もありました。

日弁連も、もともとは「弁護士倫理」が、あくまで「倫理」として制定されていることにこだわっていたことがうかがえます。

この改正に先立つ一九九〇年、日弁連は一九五五年制定の旧「弁護士倫理」を廃止し、新「倫理」を宣明していましたが、この提案理由のなかでその性格付けを明確にしています。

「外的強制の基準又は懲戒事由の規定化としてではなく、個々の弁護士が職務の遂行に際して自主的に依拠すべき倫理的行動指針として、これを確認し、自らに課そうとするものである」

あくまで「取締規定」ではなく、「会員相互間で承認されてきた職務上の倫理の確認」であり、当時、制定形式を会規、会則とせず総会決議としたのも、むしろ一律懲戒理由化を防ぐ配慮でした。

それが会規化という強制力を伴う形として再定義されざるを得なかったのは、とりもなおさず、その時点でそういう弁護士の倫理低下のレベルになった、ということを意味しています。

強制力とは、「倫理」による自制の「死」。強制力規定の宣明は、ある種の「覚悟」と同時に、自律に頼れない、それをあきらめざるを得ない等身大の弁護士の宣明を意味していました。

当時、「なんらかの行為規範が必要ならば、『倫理』とは別に制定しないのか」という、「弁護士倫理」存置論もありましたが、「倫理」会規化の効果や自治団体として強制化がむしろ望ましいという意見が賛成派から出されました。だが、前記したようなことが意味するところの危機感が、会全体として強く存在していたのかは甚だ疑問でした。

先月、日弁連は、債務整理処理についても会規を制定しました。これもまた、これまでの「指針」で収まらなかった弁護士の現実を世間に明らかにしたものでした。

ここで、やはり弁護士は原点に帰ることを目指すべきかもしれません。自制に支えられる弁護士こそ、社会風潮化する「ヤリ得」感からも超然として、「倫理」を守れる存在であり、本当の意味で社会的信頼を勝ち得るのだと思います。強制が弁護士を正しているという現実が、弁護士の信頼の基盤をどれほど弱めていくのか、そのことを考えるべきです。「質の低下」が議論されていますが、実は技術や能力もさることながら、根本的にこの問題が国民には深刻な問題なのではないでしょうか。

強制力のない「倫理」はやはり自律の誓い、目標として、かつての弁護士の意志を範とする意味でも残すべきではなかったか――「弁護士倫理」という名の規定が、この世から消えてしまった今も、そんな気持ちがよぎります。

3　当たり前の「指針」が伝える姿

「指針」といわれるもののなかには、人として、あるいは職業人として、およそ当たり前ととれるようなことが盛り込まれることがあります。もちろん、盛り込む側にはそれなりの事情があり、そうせざるを得ないのでしょうが、そうした事情をよく知らない人たちへは、おそらく当事者の予想以上の「効果」が生まれています。

それは端的に言って、こういう受け止め方をされるということです。

「そうか。知らなかったが、こんなことまで指針に盛り込まなければ、守れない人びとだったんだ」

債務整理事件をめぐる弁護士と依頼者間のトラブル多発を受け、日弁連が二〇〇九年七月に「事件処理指針」を公表したときも、そんな風な受け止め方をする声を聞きました。

「直接面談の原則って、依頼者に会わないで処理する弁護士がいるんだ」

日弁連は、二〇一一年二月九日に開いた臨時総会で、この原則を含め、弁護士が債務整理を引き受ける際のルールを盛り込んだ「会規」を賛成多数で採択しました。このほかに報酬について、和解などでの解決金は一社につき五万円以下、過払い金の返還では返還金の二五％以下といった上限や、広告についても報酬基準の表示の努力義務を課す内容です。

今回、会規が先の指針と違うのは、強制力を伴っている点、つまり違反すれば懲戒の対象になるのです。

なぜこうなったかといえば、いうまでもなく、指針ができた後もトラブルが絶えなかったという事情にほかなりません。その中身は、依頼者との面談を弁護士でなく事務職員がやってしまったり、過払い金返還で高額な報酬を請求したり。なかには過払い金分が全部弁護士の報酬に消えるなんて例まで報道されています。

要するに、こういう事態を受けて、懲戒の脅威でなんとかしようという規制強化策に打って出たというわけです。宇都宮健児・日弁連会長も記者会見で、「指針とは重みが全く違う」として、この会規によってトラブルが減少するという見通しを示されたようです。

まあ、それはそういう話になるでしょう。ただ問題は、前記「指針」同様の、この会規の別の「効果」です。

先の「指針」ではおさまらなかった弁護士の姿とは、国民にどう映るのでしょうか。

それは、金儲けというテーマの前に、その欲望を、もはや懲戒という脅威なしには自らの力ではとめることができない、社会正義を掲げる法律家の姿ではないでしょうか。つまり、もはやそういうレベルであることを、社会に広く宣言しているともとれないでしょうか。

もっとも弁護士の中には、依頼者の中には、面談ではなくメールで片付けてもらいたい人もいるなどとして、サービスのあり方として今回の会規を問題とする異論もあるようですが、多くの大衆は、およそ面談しないことをサービスの一環とはとらないでしょう。

もちろん、どんなに弁護士のイメージダウンになろうとも、もはや放置するわけにはいかない、とする苦渋の選択だったのかもしれません。ただ弁護士は、こうした選択が、徐々に弁護士の社会的立場を変えてきたことに本当に気付いているのか、疑いたくなるときがあるのです。俺は違うとか、まじめにやっている弁護士も沢山いると百万遍言ったところで、弁護士全体に対する社会の目線は、どんどん変わる。不信と警戒の目は、例外なく、すべての弁護士に注がれてもおかしくありません。

「直接面談の原則」は、かつて「当然過ぎる」ということで、弁護士の職務基本規程に盛り込まれなかったという話もあります。既にそういう時代でなくなったということの意味、その変化を、弁護士は当事者としてよく認識しなければなりません。

当たり前の「指針」によって、もはや強制力が必要になったと社会からとられる、この状況は、仮に宇都宮会長の予想通りトラブルが減少しても、この国の弁護士の未来に影響すると考えるべきです。

4 「儲け主義」という姿勢の伝わり方

かつて「弁護士の市場」というくくりかたは、そう多く見かけることはありませんでした。

その実態として、いろいろな評価の仕方はありましたが、やはり弁護士という仕事は、「市場」としてみることになじまないとするイメージの方が強かったように思います。

もちろん、自らの仕事を「ビジネス」ということ自体をはばかっていた弁護士自身も、依頼者への対応や裁判を「儲け主義」でやっているように誤解されたくない意識もあって、一部の人を除いては、「市場」というくくり方も嫌っていた風なところがありました。

それが弁護士界内外ともに変わり、マスコミも当然のようにこの言葉を弁護士にあてはめ、いまや多くの弁護士もこの言葉を使います。「弁護士だって商売じゃないか」という、いわば割り切ったような世間のとらえ方に、弁護士側もふっきれたように応じている観もなきにしもあらずです。

ただ、「市場」という以上、「儲け主義」はある意味切り離せません。「儲け主義のどこが悪い」という意識でなければ、市場での競争にも勝てません。言い方ひとつですが、「カネに群がる」ことが、まさに「儲け主義」です。いくらそこで「質」とか「正義」とかいっても、もはや精神そのものを見透かすように「儲け主義」と言われれば、否定はしにくい。ならばここは、「品位」のうえに立ちながらも、「弁護士だって」と自ら言ってしまう方がいい、という選択があるのかもしれません。

もちろん「儲け主義」というのは、まさに他の価値を一切顧みない「至上主義」のような感じがありますが、自由競争を正義とする以上、そこの程度や基準は括りかた次第の面があります。ある人から言わせれば、すべてが「儲け主義」として胸を張ることであれば、ある人にとっては、実質はともかく、その人なりの線引きをしているという話です。

「カネに群がる」という弁護士の話を、同業者の弁護士自身の口から聞いたケースとしてまず思い出されるのは、一九九九年四月にできた整理回収機構（ＲＣＣ）への弁護士動員のときです。不良債権の回収をめざすこの仕事に多くの弁護士が勧誘され、かかわっていったのですが、時給二万円、年間弁護士費用三七億円といわれた実態は、語られる社会的意義の裏に、弁護士の仕事創出の側面があったことも事実です。

その初代社長が、司法改革を牽引し、弁護士界内ではその路線に名前を冠して語られる中坊公平・元日弁連会長であったわけですが、この仕事創出も、その路線のアナザストーリーととらえられた観があります。それは、ある人によっては恩恵として語られ「中坊信奉者」を創出することにもつながった半面、ある人からは、中坊路線批判とともに、この「国策会社」への協力スタンスを問題視する見方が示されました。

この過程で人権派といわれる弁護士群の分裂もあり、その後、しぼむことになる不良債権処理の一時的な需要に群がった弁護士の態様は、ある意味、弁護士の生々しさと亀裂をもたらした歴史として界内で語られている面はあります。

そしてもうひとつ、「カネに群がる」弁護士の話としてここ数年語られてきたのは、いうまでもなく過払い問題です。いわゆるグレーゾーン金利を原則無効とした二〇〇六年の最高裁判決を契機に急増し、二〇〇九年には東京地裁の全民事訴訟の半数近くまでにいたった返還請求訴訟が、「弁護士市場」の需要をもたらしたというものです。

「過払いバブル」といわれるこの現象は、派手なＣＭで集客を図り、大量処理をする法律事務所の登場とともに、債務整理処理のずさんさからのトラブルなど、弁護士会が頭を悩ますことになるテーマを提供することにもなりました。

この姿は、弁護士界の外からみれば、まさしく「おカネに群がる弁護士」イメージの一般化に大きく貢献したといっていいと思います。「過払いバブル」崩壊が見えてきている今、弁護士の関心は、いつ完全にそれがなくなるのかに移ってきていますが、現実はＲＣＣの時とは少し異なり、経済難が言われている中で、この終息が、それで持ちこたえている多くの弁護士の運命もまた決めるからだそうです。

さて、こうして書いてくると、弁護士イメージに「儲け主義」をかぶせ、「市場」とひとくくりで語られることを容易にするエピソードは、ここ一〇年くらいの弁護士の歴史のなかで、いくらも見つけることはできます。

ただ、マスコミ報道でも時々見かけるこうした歴史をみると、それでイメージが決定付けられていくことへの疑問もないわけではありません。その一つひとつは事実であっても、いわば西欧史偏重の世界史の教科書のように、実は同時並行で行われている歴史が、視点として欠落しているような感じに襲われるからです。

弁護士にとって省みなければならないテーマがそこにあることも、また、たとえ一面であっても、それが全体のイメージを構成していくことについて弁護士が自覚すべきことは事実であったとしても、その自覚の仕方、中身も含めて、弁護士が言うべきことを言えないという状況もまた、大衆にフェアな判断材料を与えることを阻害します。

弁護士の「儲け主義」という姿勢の伝わり方が、大増員の問題性や「給費制」の必要性、さらに今の弁護士の窮状を含めた現実が大衆に伝わるかどうかに、大きく影響していることは間違いありません。

5 悩ましい「弁護士広告」

「弁護士事務所のCMやってるねー」。ここ数年、弁護士界外の知人からよく言われます。市民のみなさんも、最近やけに目にするな、と感じられているのではないかと思います。

さすがテレビCM、というべきでしょうか。なにせテレビをつけていれば、嫌でも目と耳に入ってきてしまう広告ですから、認知度アップのパワーが違います。大衆全体が、見たことがある気がするというだけでも、ある意味すごい浸透力です。

どんな法律事務所か、なんて関係ありません。一回たった数秒のCMですから、「○○法律事務所」と「とにかくいらっしゃい」という話だけ伝われば、そりゃもう上出来です。弁護士事務所としては、芸能人も繰り出して高いお金を出した甲斐があった、というものです。

市民としては、それじゃひとつ行ってみるか、という話になり、それで法律事務所も潤う。これが普通の商売の形、結構、結構、という風に思われる方もおいでかもしれません。だけど、弁護士に限って言えば、そう単純に割り切れる話ではないのです。

もともと弁護士の広告は全面的に禁止されていました。それが、一九八七年に「原則禁止・一部解禁」に緩和され、二〇〇〇年にようやく「原則解禁」となりました。

一般の人の感覚だと、なぜ弁護士・弁護士会が、広告に対してここまで慎重な対応をとってきたのか、理解しにくいと思います。弁護士の中には、確かに広告に対する強い反対論・慎重論がありました。一九八七年の緩和の時にも、反対派が猛反発した経緯があります。

そもそもの原則禁止だった理由もそうですが、この反対・慎重論の言い分は、要するに「弁護士という仕事は、広告になじまない」ということです。具体的には大きく二つ。ひとつは「品位」。つまり、弁護士の「品」が下がるということ。そして、これも前者と関係していますが、「競争」の悪影響。つまり、お金がある弁護士がどんどん広告をうつことになり、本来の弁護士の仕事の質とは別の競争が始まり、結果としてそれは依頼者・市民の利益にはならない、ということです。

「品位」というのも、偉そうに聞こえるかもしれませんが、弁護士会ではかなり重視されるキーワードです。広告に関しても、かつてヌードが出ているような雑誌に載せてしまったり、公営ギャンブル場のそばに出された法律事務所の広告が、「品位」の点から弁護士会内で問題になったこともありました。

結局、それが二回の日弁連の総会で、弁護士たち自身が多数決の結果として、この前者のような慎重論を排し、現在の解禁の道を選択したのは、それだけそれまでの弁護士の広告制限が利用者・市民にはいかにも閉鎖的で評判が悪かったこと、言い方を変えれば、前記したような禁止の根拠が理解されておらず、弁護士としても、「そんなこともいってられない」という気になったから、というのが本当のところだと思います。

実は解禁後、弁護士がわれもわれもと広告を出したかというと、そうではありませんでした。多くの弁護士は慎重でした。他の弁護士の出方見という感じもありましたが、多くの弁護士は解禁後も、慎重派の言い分に一理あり、と思っていたふしがあります。「品位」については、もちろん解禁後も弁護士会が不問としたわけではなく、この縛りはちゃんと残っていましたし。じゃあなんで解禁賛成に手を挙げたんだよ、という話になりますが、そこは要するに「やりたい方はやれば。俺はやるつもりないけど」ということだと思います。

そんな状態が、債務整理問題の浮上で、弁護士の広告をそれこそ電車の中でサラ金の広告と同様に見かけるようになり、やがて一部法律事務所による現在のテレビCM登場にまで至りました。

だけどこの流れの広告、正直評判はよくありません。一般の方の受け止め方はさまざまなようですが、弁護士会内では、「品位」と、こういう形での競争激化について異論が強まっています。弁護士の経済格差が広がっていることもあり、「お金を出して広告をバンバンだせる弁護士が本当に良い弁護士か」という話が、かなりリアリティをもって受け止められてきた感じもあります。

以前から弁護士会が広報としてなんかやれ、ということとは、慎重派からよく言われてきましたが、個人の業務につながる広告は手がつけられない状態でした。だけども、一部の弁護士会では、前記したような広告を出せる・出せないという格差の事情から、会としてそれこそなんとかする方策も考えられているようです。

弁護士はもっともっと情報公開すべきだと思います。それは、市民による選択機会の確保です。弁護士の広告を肯定する見方は、当然この点でのメリットです。競争もよりよいサービスのために、当然とする見方もあります。

一方で、弁護士会内でいわれる広告に関する課題と懸念をみれば、結局、最初の緩和時点に指摘された問題が、基本的にそのまま指摘されている観はあります。当時の反対した慎重派には、ある意味、先見の明があったととれなくもありません。

弁護士の情報公開と業務の維持を、広告という時にイメージで大衆を誘因する手段にゆだねることが、果たして結果として大衆に対する健全な弁護士のサービス提供につながるのか。悩ましい問題を抱えつつ、まだまだ紆余曲折がありそうです。

6 「弁護士広告」解禁論議が残したもの

テレビで弁護士のCMが普通に流れている時代、今やかつて弁護士の広告が規制されていたことを知らない人も多くなりました。もちろん、弁護士だって事業主なのだから、普通の商店のように広告はうつだろうと市民が思っていても、不思議なことではありません。

しかし、一九八七年に「原則禁止・一部解禁」になるまで、弁護士の広告は全面的に禁止され、二〇〇〇年にようやく全面自由化された経緯があります。

当時、弁護士が広告の解禁に舵を切ったのは、彼ら自身がその業務上の必要性、つまりビジネス上の必要性にかられてこれを求めた結果、というわけでは必ずしもなかったと思います。当時の弁護士は、解禁賛成派も含めて、その多くは広告自体には消極的でした。その証拠に、解禁後、われもわれもとメディアに広告を出したわけではなかったのです。

もちろん、それは費用対効果という意味で、妙味を見出していなかったこともあります。当時は、単発の広告を見て市民が法律事務所の門をたたくなど、およそ考えにくいととらえられていました。弁護士への市民のアクセスは、紹介によるものが本道だったのです。

ただ、弁護士が踏み出さなかったのには、もう一つ理由があります。それは「品位」という点で、弁護士は広告という手段を嫌ったのです。もちろん周りの弁護士の反応をみて、みんなが控えていた感じはありましたが、弁護士と依頼者の関係を、弁護士側の宣伝文句でつなぐ関係としてイメージできなかったという言い方もできます。

改めて当時の弁護士のことを書こうとすると、今となってはなかなか一般には説明が難しい感覚であることに気付かされます。今の人には、まるで弁護士の気位・プライドの高さとしてしか伝わらないかもしれません。

ただ、若干違うと感じるのは、もしかしたら自分たちの実入りが増えることにつながるかもしれない広告解禁を、彼らが真剣に警戒したと思えることです。

その彼らが、なぜ広告規制を緩和せざるを得なかったのかといえば、要するに規制は市民側のアクセス保障に後ろ向きだというとらえ方に、抗することができなかったからだと思います。

この問題では忘れられない情景があります。一九八五年三月、原則禁止に初めて規制緩和のメスをいれる会則改正案が提案された日弁連代議員会で、弁護士界の「水戸のご老公」といわれた故・関谷信夫弁護士が行った、約三〇分にわたる大演説です。

「現在、弁護士は襟を正すべき時期にある。今、国民を納得させるものは、百の広告よりも、批判されるようなことをなくすこと。規制緩和には合理性がなく、品位保持にもつながらない」

とうとうと語る名演説に、会場の代議員はしばし聞き入りました。が、この代議員会では、改正案が賛成多数で通過します。奇しくもこの時、執行部案の規制緩和路線を強力にアピールする提案理由を述べたのが、当時日弁連副会長で、のちに弁護士会の司法改革路線を築いた中坊公平さんです。

しかし、大反撃が開始されます。その年の五月の定時総会で、この改正案は地方会会員を中心とした反対の集中砲火を浴びることになります。特に地方の会員にとって、広告規制緩和が脅威になっていたことは注目できます。

この時の反対派急先鋒の中にも、関谷弁護士の姿がありました。

「弁護士のところに市民が来れない潜在的不安は、弁護士会が取り除くべきだ」

この時、反対派は勝ちました。日弁連執行部は、改正案を撤回。歴史的と称される大敗北を喫することになります。だが、その二年後の一九八七年、先の案に規制の方向で絞りをかけた修正案が上程され、三月の臨時総会で、ついに同案は成立、初の弁護士広告の規制緩和が日の目を見ることになるわけですが、それに先立つ二月の代議員会でも、関谷弁護士は会場の弁護士に最後まで訴えました。

「看板の大きさで国民の信頼は得られるものではない。条件付きで解禁すれば、結局例外が原則となる」

「薄汚い競争原理を持ち込み、終わりのない広告戦争に入ろうとしている」

関谷弁護士の予言通り、その後例外は原則となり、今日の状況を迎えています。彼の主張について、今は、「時代が違う」「競争を否定する古い弁護士の考え方だ」とおっしゃる方もいるかもしれません。しかし、どうなのでしょうか。

資力がある弁護士がうつ広告が氾濫する社会が、必ずしも国民の信頼を高めることにつながらないこと、そうした広告が弁護士のあるべきサービスを保障したものではないこと、そして、弁護士の拝金主義的傾向が強まっていること――そうした指摘がなされる今日の弁護士広告をめぐる状況を見る時、関谷弁護士の主張と、当時の弁護士に潜在的にあった脅威論は、決して今日と隔絶したものとは思えません。

広告解禁が仮に時代の趨勢だったとしても、また、法的サービスの向上・情報公開が弁護士に突きつけられている課題だとしても、関谷弁護士の警鐘は、今も生きているように思えます。

7　国民に任せた「品位」の基準

弁護士の広告は原則自由化されたとはいえ、一般の方からみると、業務広告に関する規程と、運用指針でかなり縛りがかけられている印象になると思います。

この運用指針をみると、あることに気が付くと思います。あちらこちらにふんだんに盛られた「国民」という二文字です。そうなっていることの意図は、「広告が品位を損なうおそれがあるかどうかは、弁護士等の立場から判断するのではなく、国民の弁護士等に対する信頼を損なうおそれがあるか否かという広告の受け手である国民の視点で判断されるもの」という、この中の説明を読めば分かります。国民の目線を意識しているのだから、結構なことじゃないか、と思われる方もいるかもしれません。

ただこの中には、こんな内容が出てきます。

「奇異、低俗、派手すぎるもの、見る人に不快感を与えるもの等、国民からみて弁護士に相応しくないと思われる広告の方法及び表示形態並びに場所における広告は、弁護士の品位又は信用を損なうおそれのある広告として許されない」

運用指針は、「拡声器で連呼する広告は、不快感を与える」「サンドイッチマン、プラカードによる広告は、弁護士に対する国民の信頼を損なう」「風俗営業店内、消費者金融業店内は、国民からみたとき、品位や信用を求められる職種の広告場所として相応しくない」「外科病院などの待合室、銀行のロビーにおいて管理権限のある者の承諾を得て案内書を置くことは、その案内書を手に取った国民が不快感を抱くような形態、内容等他の要素がなければ、そのこと自体が品位を損なうものとはいえない」といったことを例示しています。

分かったような分からないような内容ではありませんか。例示する以上、それを一応の目安として、他の案件の妥当性を測れるようなものが望ましいと思いますが、この内容はそういったものなのでしょうか。

「拡声器」や「風俗営業店内」というのは、かなりレアケース過ぎてどう他の例にあてはめていいのか分かりませんが、そもそもこれらが何でいけないのかについて、国民が共通の認識に立つと決めつけられるのでしょうか。最後の外科病院や銀行のロビーに至っては、管理者が承諾したうえで、特段クレームがこなければいい、といっているようにも聞こえます。

つまり、問題は「品位」の基準を「国民」に全面的にゆだねているところです。端的にいえば、「国民」が「品位」の面で「ふさわしくない」と感じることが基準となるとすることで、果たしていいのかということです。弁護士という職業固有の基準としての「品位」が存在するのならば、それがいかなるものなのか、全くこの指針からは分からないのです。

そもそも「国民からみてふさわしくない」というのは、国民のなかにある弁護士イメージを基準にすることになります。「あるべき弁護士」という何か確固たるものを持ち合わせている方ならばともかく、社会的な弁護士のイメージがどんどん下がれば、社会常識として弁護士に必ずしも特別な「品位」を求めず、あるいは「弁護士だってビジネス」「弁護士なんてそんなもの」という割り切った見方が広がり、世間にあふれてしまえば、それでも「ふさわしくない」という評価になるとは限らないということです。

つまり、社会の受け止め方で、「品位」のハードルが下がるように受け取れるのです。運用指針は冒頭、「この指針は、事例の集積にあわせて適時に改定される」とうたっていますが、そういうことでいいようにも取れてしまいます。

弁護士の品位とは、一体なんなのでしょうか。これを読む限り、弁護士の中にも確固としたものがないのではないか、というイメージを市民に与えてしまいかねません。「国民がよしとすればよし」という基準は、その国民の感じ方が多様でかつ変動し、さらに皮肉なことをいえば、実態が下がるほどに、基準が降下することもあり得るものであることを国民が見抜いた瞬間に、逆に国民の信頼を失うものになるように思います。

勝訴率の広告表示は誤導を招くとして禁止していますが、国民の視点からは、求められる情報です。逆にいえば、弁護士という職能の性格を変わらないものとするならば、すべてを国民の求めに応じることはできない、という選択もあり得ます。もちろんその場合には、きちっとした説明をしなければなりませんが、単なるニーズに沿わす姿勢が、その意義そのものを疑わせる形になることもあり得ます。

そして、そもそも大衆が弁護士に求めているものとは、果たしてこういうものなのでしょうか。紳士的な振る舞いをいうのならば、それは弁護士だけが胸を張っていうようなことではありません。この社会のどんな仕事人にも求められていいことです。

やはり正義や公正さに、もはや業務態度として、明らかに背を向けているような姿勢、そう疑われてもしようがない態様は、およそ時代や社会の弁護士に対する受け止め方が変わり、諦めと割り切りが寛容につながっても、弁護士が肝に銘じるべきものと思います。また、その筋の通し方が、それこそ「国民の信頼」につながるような気がします。

「国民」の二文字の連発は、弁護士会の意図に反して、その国民に間違ったメッセージを伝える危険があるように思えます。

8　「ビジネス」にも「ハイエナ」にも見える弁護士像

講談社のオンラインマガジン「現代ビジネス」にこんなタイトルの記事が出て、話題になっています。

「原発事故の『賠償特需』を『ポスト過払い金返還』と期待する弁護士業界」(伊藤博敏「ニュースの深層」、二〇一一年四月二一日付)

詳細は中身をご覧になっていただければと思いますが、タイトル通りの、多分何が書かれているかは容易に想像できる話です。

福島第一原発の損害賠償。現在、恭順の姿勢を示している東電も、膨大な報償額に「顧問弁護士が居丈高」に乗り出しての削減を図ってくる、個人として闘えはしない。そこで成功報酬で代理人を務める弁護士が登場、五万世帯分の賠償請求に加え、風評被害を含む農業、漁業、避難指示で操業不能の事業所、観光への影響を考えた損害賠償請求額は一〇兆円を上回る——こうした今後の予想が書かれています。

もちろん、この記事が一番伝えたいことは、ある意味この現実ではないといっていいかもしれません。

「仲間の間では、『次は原発』というのが常識になっている。具体的な作業を始めている人もいるし、ウチもそろそろ準備しないと……」

多重債務者の過払い金返還請求で名を売り、報酬も得た弁護士が語っている現実の方です。「特需」というくくりでも分かるように、前記状況が生む利に弁護士が目をつけているという話です。

「交渉を重ねれば、東電の要求も手の内もわかってくるし、そうなると、対応もマニュアル化できると思う。消費者金融に対する過払い金返還請求ほどラクではないが、そちらが先細りとなっていただけに、いい稼ぎ場が確保できた」

弁護士増員、若手弁護士の困窮、過払い返還請求。そうした今弁護士界で起こっていることを説明したうえで、「原発事故」の登場を、弁護士の期待感にあふれるコメントとともに描き出しています。もちろんこれは描き方として、災害の救済に臨む弁護士をイメージするものではありません。「原発事故」を「過払い金返還」と同様の、弁護士においしい、むしろ弁護士を救済するもののように描いています。

もちろん弁護士のブログをみると、ここで描かれている「あさましき弁護士」の姿にため息をつかれている方も沢山いるようです。弁護士全体が、こういう集団に見られてしまう恐れを意識しながらも、こうした現実を受け止める感想もあります。

ただ、この記事を弁護士に対する「悪意」とみるのは、違うかもしれません。むしろ、ビジネスとして割り切られていく弁護士像とは、まさにこういうことではないかと思うからです。

筆者もそれを当然の前提として、これを単に「利」に鋭いアンテナを立てているビジネスマンの話として書いているようにも見えます。逆にいえば、ビジネス化というのは、救済をもビジネスとして換算する弁護士と社会のこうした共通認識を伴う未来のように思えるのです。

しかしその共通認識は、あるいはビジネスマンたちには肯定的なものであっても、大衆にとってはそうではありません。ネット掲示板の書き込みでは、この記事に登場する弁護士たちの姿に、「ハイエナ」「賢いクズの集団」などの言葉が浴びせられています。この記事の向こうには、そうした共通認識の社会が待っていることも忘れるわけにはいきません。

「社会の隅々に法の支配が行き届くってことは、まさにこういうことなんでしょうから」

この記事が伝える現実、確実に従来の弁護士像が崩れてきていることに嘆く弁護士のブログの中に、こんな言葉もありました。「法の支配」という言葉の誤用がたどりつく社会には、この記事のような弁護士が登場してくることも予定されているのかもしれません。

これまでだって、弁護士にもいろいろな人がいました。ただ、これからの弁護士の未来は、サービス化、ビジネス化と引き換えに、決定的に弁護士に対する社会の目線が変わることの向こうにある、とみるべきではないでしょうか。「改革」というものがそこまでを意図していたか、いなかったかについては見解が分かれるところだと思いますが、多くの弁護士は、その未来図をまだリアルに描き切れていないようにも思えます。

9 「欲望」と闘う弁護士

弁護士というのは、本当に大変な仕事です。大変ではない方がいるとすれば、それは本当に弁護士という仕事を極めていないのじゃないか、とみていいようにすら思ってしまいます。どの世界もいいかげんな人はいるでしょうが、徹底して真面目に弁護士業に向き合っている方をみれば、つくづく厄介な仕事をやっているなあ、と思う時がたびたびあります。

何が大変なのかといえば、結局は一口に言えば、「欲望」にかかわるからだと思います。法的紛争には人の「欲望」が交錯します。訴えられれば、相手の「欲望」と向き合い、訴えようと思えば「欲望」の肩を持つことにもなります。

紛争は、しばしば法律を武器にとった「欲望」のぶつかり合いとなります。矛となり盾となり、相手の攻撃とも向き合いながら、依頼者の「欲望」の実現に努力しなければならなくなります。

それだけではありません。実際は、依頼者も説得しなければならない局面もあります。もともとこちらに分が悪くても、相手との闘いに負ければ責められるのはもちろん、和解の説得にしても、「納得できない」として、逆恨みされることはいくらもあります。

つまり仕事の宿命として、底なしの人間の「欲望」と向き合わなければならない仕事なのです。

弁護士の仕事には、「救済」とか「擁護」という言葉がよくかぶせられます。もちろん、彼らの仕事のスタンスはそうくれるものですが、主張で使われる「当然の権利である」というような、いわば良心と正義に基づいた主張を擁護するイメージでは、実際の仕事はとてもとらえきれないと感じます。

ここは、実際に身近に弁護士の仕事を見ないと、なかなか大衆に伝えきれません。それこそ、弁護士自身の口からそうしたことが言われれば、またぞろ都合のいい自己弁明とされたり、「いや、弁護士はなんだかんだ儲けているんだから当然だ」という話にもなりかねません。ずるい弁護士、不誠実な弁護士のために、この辺の弁護士の苦労も伝えにくい社会的ムードになってきているといってもいいのかもしれません。

「時間無制限、一回一万円」を掲げた介護福祉系弁護士が、自分の都合しか考えない非常識な相談者の殺到にショックを受けたことをブログで赤裸々につづっているのを見ました（「介護・福祉系弁護士外岡潤の毎日おかげさま」）。

この弁護士がとった良心的な対応がどういう結果を招くのか、実は多くの同業者には分かっています。ただ、そのことも分かったうえで、改めて自分の覚悟と決意を新たにしているところがりっぱです。

これも、むき出しの「欲望」と向き合う弁護士の仕事の一端を見る思いがします。「敷居が高い」といわれて久しい弁護士の仕事ですが、「低く」した瞬間に、まるで小説の「蜘蛛の糸」のように追いすがる人びとで、その糸は切れてしまうかもしれません。彼らはもちろん地獄に堕ちた悪人たちではありませんが、時に人として道も踏みはずす「欲望」の化身にもなります。

そして、「ニーズ」とひとくくりにされるものの中身の多くを、実はこうした低額や無償化に群がる「ニーズ」が占めることを考えれば、大量増員された弁護士を「ニーズ」が経済的に支えるという見通しも、よくよく考え直した方がいいようにも思います。

弁護士は「品位」を重んじることが求められている仕事です。弁護士法五六条一項で「品位を失うべき非行」は懲戒の対象となっていますし、弁護士職務基本規程六条でも、「品位」向上が努力義務となっています。

弁護士が宿命的に人間の「欲望」に向き合うものと考えるとき、改めて依頼者・市民にとっての、この「品位」の意味が見えてくるように思えます。

それは、彼らが依頼者の「欲望」の虜になってしまうことも、また、「欲望」を彼ら自身の利益のために利用しようとすることになっても、結局、市民のためにも、この社会のためにもならないからです。弁護士は自らの「欲望」とも闘ってもらわなければなりません。

弁護士にとって、「品位」が孫悟空の頭にはめられた「緊箍児」（きんこじ）のようになるべきことも、また、この仕事の宿命というべきかもしれません。

第4章

司法修習生「給費制」をめぐる攻防

1　司法修習生「給費制」廃止への思惑

二〇一〇年一一月、司法修習生に国費で給与を支給する「給費制」が一年間延長されました。とりあえず、移行が決まっていた無利子で貸し付けるという貸与制を二〇一一年一〇月末まで適用しない、ということになったのです。

司法修習生に給与が支払われていることを知らない国民も依然として少なくないとは思いますが、「給費制」そのものも一般的に理解が得られているかといえば、そうではない状況にあります。

従来、働きながらでは修習に専念できない、といった主張が制度の必要性をいう立場から強調されていましたが、これも、裁判官、検察官はともかく、個人事業者として、今後儲けることになる弁護士への特別扱いの必要性はあるのか、といった論調の前には劣勢でした。それがここにきて、おカネがかかる新法曹養成制度との関係で、「裕福な人しか法律家になれないでいいのか」という切り口が、とりあえずのストッパーになったようには見えます。

それにしても依然として、大衆に理解が得にくい状況にあるのは、とりもなおさず、この問題で一貫して給費制存続に否定的な朝日新聞などの大マスコミの報道にも原因があります。裁判員制度、弁護士増員などとともに、この問題も司法改革関連報道に共通した、フェアに大衆に判断材料を提供しない大マスコミの姿勢がみてとれます。

「改革」の方向を懸念する論調、その結果の実害を指摘する見方を、まるで「反革命的」との烙印を押すがごとく、「改革に逆行」といった切り口で批判し、同時にそうした反対論調を丁寧に取り上げるといった、いわば推進派の彼らにとってやぶへびな報道はもちろんやらない、というスタンスです。

つまり、多くの大衆はまだ、給費制の意義と廃止の影響についていう弁護士会側の意見を十分に踏まえて、その是非を判断する材料を与えられていないのではないかと思うのです。

実は、一昔前の弁護士会のなかには、この給費制を「返上すべきではないか」という議論もありました。いまやちょっと信じがたいことですが、国費をもらって養成されることを、弁護士の権力からの独立という観点から突きつめて考える弁護士たちもいた、ということです。

もっとも、この議論のきっかけは、官側の姿勢にあったといっていいのかもしれません。当時の弁護士会による激しい法改正阻止運動や、反権力的立場で行動する弁護士たちに対し、当時の裁判所、検察庁関係者の口からは「国家に養成されながら何事か」といった言葉をよく聞いた気がします。弁護士の中から、「ならば返上も」という威勢のいい意見が出たとしても不思議でないムードがあったことは確かです。

今回の給費制存続に対して、法科大学院サイドと最高裁は否定的な立場をとっています。ひとつには給費制維持に年間一〇〇億円を超える予算が使われ、そのしわ寄せで司法予算が削減されることへの懸念論があります。

ただ、最高裁については、もうひとつ聞こえてくる話があります。これはあくまで噂ですが、最高裁が、貸与制を採用後、任官者についての返還免除措置の導入を考えているのではないかという話です。

戦前の法曹養成では、裁判官・検察官の司法官試補は有給、弁護士試補は無給という制度でしたが、ある意味それと同様に、公務員となる裁判官・検察官と弁護士の「差別化」を図るものです。

その背景には、最高裁が採用したい優秀かつ若年の司法修習終了者が、近年、弁護士として大手渉外事務所に流れる傾向があることも挙げられています。「差別化」の意図が、最高裁が期待するような採用の流れをつくることにあるのではないか、というわけです。

もし、そうだとすれば、かつての弁護士・弁護士会の活動に対し、「国家に養成されながら何事か」と批判したその在朝法曹側の思想が根底で変わらない中で、今日の「給費制」問題がある、ということにもなります。

なにやら大衆にはっきりと伝えられないところで、いろいろな思惑が交錯しているような、そんな気配があります。

2 「おカネ持ちしか」論と「多様な人材確保」

「おカネ持ちしか法曹になれなくなる」。昨年、いわゆる司法修習生「給費制」問題をめぐって、弁護士会側から出されたこの切り口は、結果として制度の一年延長につながる、それなりの説得力を持ったのだと思います。

国民の税金という観点から、弁護士会の存続要求に冷ややかな一部マスコミの筆が、一瞬、この論調によって止まった観もないわけでもありませんでした。しかし、さすがそこは『朝日新聞』というべきでしょうか。以前にも紹介しましたが、「社説」（二〇一〇年一一月二四日）で、前記切り口と、「借金があると利益第一に走り人権活動ができなくなる」という主張を取り上げ、「脅しともいえる言葉」などと、「嫌みともいえる言葉」を書いています。

その前ふりには、これまでの「朝日」論調にふさわしく、弁護士の増員を抑制する動きを「権益を守ろうとする動き」として、「給費制」問題がなにやらその流れで、またぞろ弁護士会が国民の税金の使い道で、エゴイスティックなことを言っているような印象を与えることも忘れていません。

しかし、「朝日」も含めて、多くのメディアは、「おカネ持ちしか」論を、ある意味、一面的にしかみていません。つまり、「おカネ持ちしか」ということは、もちろん志望者の公平な機会保障の問題であり、また、前記「脅し」とされた、いわば経済的な無理をすることの弊害の問題でもありますが、もうひとつ根本的なこととして、無理せずともやれる「裕福な人」で法曹が占められていくことの問題はないのか、ということです。

実は、「朝日」も含め、この点の話に触れるものが目につきません。「朝日」あたりはもちろん、これまた「脅し」と片付けるかもしれませんが、どうも大マスコミは、そうした「裕福」でない層出身者が法曹にいるかいないかは、さほど大きな問題ではないととらえているように思えます。

特に、素朴な疑問を持つのは、裁判官についてです。どうも「給費制」問題は廃止を反対している弁護士についてばかり語られていますが、仮に富裕層だけが、この国の裁判官になっていくとしたならば、どんなに法律に精通していても、大衆や世情に対する根本的な見方、あるいは価値観に対する判断の偏りが生まれてこないのか、そこは誰か心配してもいいんじゃないか、という気がするのです。

まだ弁護士は、なってから社会・世情を知り、経済的なものを含めた大衆の感覚に直に接して鍛えられることもあるかもしれませんが、裁判官はそれに比べれば、機会もありません。「階層」の偏りが持つ意味は大きいはずです。

事情的に踏まえなければいけないのは、「給費制」の存続には、最高裁が否定的だということです。裁判官の問題が注目されないのは、弁護士会のように、税金がかかるつまらない主張を掲げていないから、ということでしょうか。

ただ、増員問題にしても、弁護士を増やせ、増やす手をとめるなと連呼するマスコミが、身近で使いやすい司法の要ともなるべき裁判官の増員について、声高にいわない現実があります。これも弁護士とは違い、税金がかかる話だからということでしょうか。

最高裁判所が「給費制」存続に否定的なことの最大の理由も、そのしわ寄せで司法予算が削られることへの懸念にある、と言われています。これは、とりもなおさず、現政権で「給費制」存続によって、大幅な司法予算の拡大は見込めないと判断したともとれます。「税金の使い道」という切り口一辺倒のマスコミ的には、裁判所は弁護士会よりも賢明ととらえているのかもしれません。

ただ、「おカネ持ちしか」論をいう弁護士会側の最大の弱点は、肝心の法科大学院について、この論調に立てないということです。「給費制」について、これをいうならば、根本的な問題としておカネがかかる法科大学院制度についても、なんとかしなければならないはず、と思われて当然だからです。

あくまで法科大学院を本道とする形が、目標としていた「多様な人材確保」につながっていないことは明白になってきていますが、「給費制」にしても法科大学院にしても、どうも「おカネ持ちしか」は「多様な人材」の問題とは、切り離されているような印象を持ちます。

「給費制」については、弁護士の中にも、本当に必要な層にだけでも当てられる形を目指すべきという意見があります。全員に与えられるのは、「弁護士は恵まれている」「なってから稼げる」として、特別待遇を許すなとするマスコミ・世論に抗することはできず、困難とする見方をする人も出始めています。

ただ、やはり大マスコミと、それによって作られている世論のこの問題のとらえ方には、偏りがあると感じてしまいます。

3　「給費制」存廃の向こう

弁護士界の抵抗で、二〇一一年一〇月末まで延長された、司法修習生に国費で給与を支給する「給費制」ですが、依然、世論の受け止め方はさまざまなようです。

「おカネ持ちしかなれない」という弁護士界側の切り口は、ある意味、今回の貸与制移行ストップに、それなりの説得力を持ったようにはみえます。しかし、この言い方の伝わり方もさまざまで、「弁護士お得意の詭弁」のようにいう見方もあり、給費制維持の根拠としては、むしろ修習専念義務や研修医に給与を支給していることとの対比のほうを強調したほうがいいのではないか、との見方もあります（「ビキナーズ・ネット掲示板」）。

「おカネ持ちしか」論には、志望者の機会保障の問題だけでなく、この国の法曹の多様性の問題にはつながると思いますが、現実的には、この切り口でどこまで制度維持を持ちこたえられるのかは厳しい情勢です。

ところで、弁護士側が求めているこの「給費制」の維持は、もう一つ別の側面を持っています。それは、国費で養成されることの意味の方です。

実は、「給費制」問題がマスコミに取り上げられ、はじめて司法修習生に給与が支給されてきたことを知った市民は沢山います。いまだよく知らない人だっているでしょう。知った人は、一様に驚きます。なぜかといえば、弁護士が事業者であること、もっといえば、そうした他の事業者と同じ立場でしっかり儲けているというイメージがあるからです。

私人として儲けている、儲けることになる弁護士という仕事が、われわれの税金で養成されているということです。「給費制」自体への大衆のなかにある最大の疑問、反発はここにあるわけですが、逆にいえば、本来的に公的な領域を担い、人権の擁護のために活動する、あるいは活動しているはずの弁護士のイメージが、現実的には国費支出了解を得られるものではないことを意味します。

ここここそ、本当は弁護士が一番悲しむべきところかもしれません。大衆の弁護士イメージは、人権を擁護し、社会正義を実現する国費支出にふさわしい存在ではなく、他の事業と同じくビジネスとして金儲けをしている存在であり、その不公平の方がむしろひっかかる存在に見られているということです。

さらに、逆の見方をすることもできます。つまり、弁護士界側の希望通り「給費制」を維持するのであれば、それ相当の公的な存在として社会が要求するということです。少なくとも、現状のイメージからすれば、この制度が認知されたことで、これまで以上にそうした要求・論調が強まっても当然ですし、一方で、儲け主義、もしくは仮に誤解であっても現状で儲けているということについて、社会の厳しい目線が強まってもおかしくありません。

かつて弁護士・弁護士会の「反権力的」なスタンスに対し、官側から「国費をもらって養成されながら何事か」といった、「給費制」を逆手にとったような批判があり、一部弁護士から「ならば返上も」といった言が聞かれた時代もありました。

しかし、「反権力的」色彩がかつてより減退したとみられている弁護士・弁護士会に、もはや官側が前記論調を掲げることはなくても、今度は、マスコミを含め社会が「儲けていながら何事か」といわんばかりの、批判的な見方を強めてきていると見ることもできます。

そもそも「給費制」に目くじらをたてながら、おカネがかかる法科大学院中心主義を掲げ続ける弁護士会のスタンスは説得力がなく、また誤解を生んでいるようです。法科大学院に入っている人たちが、みな借金漬けのようには見ず、ほとんどはそれなりに経済的に恵まれた人間が入れているという見方があり、そのうえに立てば、もちろん「給費制」でいわれる「おカネ持ちしか」論は欺瞞的に映ってしまう可能性があります。

つまり、弁護士・弁護士会が、「おカネ持ちしか」論をどこまで本気で言っているのか、その本心を疑われるということです。

これからはビジネスと割り切り、他の事業者と同じ、一サービス業に徹することを決意した弁護士が、社会の批判的な目線にこたえて、「ならば返上も」と開き直るかどうかは別としても、国費負担がなくなればなくなったで、資力のない大衆にとって必要な弁護士の意識もまた消えていくようにもみえる、ねじれた感じがあります。

第5章 「隣接士業」と弁護士

1 弁護士と「隣接」の微妙な関係

弁護士界の人間が使う言葉として、「隣接士業」とか「隣接専門職種」という言い方があります。弁護士という仕事に隣接した専門職、司法書士とか社会保険労務士、不動産鑑定士、行政書士、弁理士などを指すものです。

弁護士からみて隣接ということですので、他の士業の人は基本的にこの言葉を使いませんし、正直あまりいい気がしない人たちもいます。いってみれば、弁護士中心主義の現れともとれるからです。そもそも弁護士から見た使い方なのですから、他の士業が使うのはおかしいに決まっています。

ただ、弁護士は他の士業の人を前に、割とおかまいなくこの言葉を使います。先日も司法書士の集まりに出席しましたが、講師として呼ばれた弁護士は、この言葉を連発していました。客観的な表現としては、「弁護士以外の法律専門士業の方」ということになりますか。

それはともかくこの「隣接」、とりわけ最隣接といえるかもしれない司法書士と弁護士との関係が、少々微妙な雰囲気なのです。

法曹界で司法改革の「バイブル」的扱いもされている、二〇〇一年に出された政府の司法制度改革審議会の最終意見書に、それこそ微妙な表現のくだりがあります。

「弁護士と隣接法律専門職種との関係については、弁護士人口の大幅な増加と諸般の弁護士改革が現実化する将来において、……法的サービスの担い手の在り方を改めて検討する必要がある」

「しかしながら、国民の権利擁護に不十分な現状を直ちに解消する必要性にかんがみ、利用者の視点から、当面の法的需要を充足させるための措置を講じる必要がある」

今回の改革のおかげで司法書士は、訴訟の目的となる価額が一四〇万円を超えない請求事件が持ち込まれる簡易裁判所の民事事件の代理を、二〇〇三年よりできるようになりました。そのためには司法書士の資格を取得後、日本司法書士会連合会が実施する特別研修（一〇〇時間研修）を修了し、法務大臣が実施する認定試験に合格する必要があります。代理権を取得した司法書士は「認定司法書士」などと呼ばれています。

司法書士などの士業の方がややひっかかる「隣接」という言葉をあえて使って、前記引用した「バイブル」のくだりが何をいっているかというと、要するに、弁護士と司法書士などの「隣接」士業との関係については、現在進められている弁護士の大増員などが実現した時点で見直す。ただし、それまでの当面の措置をとる。司法書士の簡裁代理権も、当面の措置のようにとれます。つまり、来るべき弁護士増員時代に全面的に仕切り直すぞ、といっているのです。

司法審はなぜ、ここで「隣接」の恒久的な活用ととられることに、クギを刺すような一文を「バイブル」に入れたのでしょうか。司法審の議論をめぐっては、かねてからこの国の法的なニーズの担い手を、「隣接」を含む士業総体としてとらえていないことを問題視する見方がありました。

法的ニーズの担い手たる弁護士の大幅増員が、「隣接」の存在を度外視した評価の結論だとしたならば、どうなるでしょう。

ここで恒久的な「隣接」活用を持ち出しては、大前提の弁護士大増員の既定方針をぐらつかせることになる。それでもスルーするわけにいかなかった「隣接」の現実的活用を提案するには、どうしてもこのクギが必要だった――そんな深読みができてしまいます。

弁護士側は日弁連の機関誌などで、「バイブル」のこのくだりを取り上げ、「隣接」への権限付与はあくまで過渡的なものとして、「隣接」から出ているさらなる権限拡大要求を「改革に逆行」と蹴っ飛ばすとともに、前記したような研修で権限を付与している現状の形にも疑問を投げかけたりしています（日弁連機関誌『自由と正義』一八三一号）。

なんだよ職域争いかよ、と市民の方は思われるかもしれません。確かに士業間では、その仕事の領域をめぐる問題は議論されてきました。とりわけ現在、弁護士vs司法書士、司法書士vs

行政書士といった戦線が形成されているにはいます。

ただ、お互いの利益獲得の戦いとばかりみることはできません。弁護士側の主張には、法的対応での市民の安全確保をいう面がありますし、司法書士側の主張には、市民の利便、あるいは市民の士業選択肢の確保をいう面もあります。

そもそも司法審が描いた弁護士大量増員のシナリオも、弁護士の就職難をはじめ経済的問題や「質」の問題で、だいぶ状況が変わってきました。「仕切り直し」自体も「バイブル」の想定とは、かなり違ってくることも考えられます。

いずれにしても、市民にとって、どういう形が望ましいのか、そういう視点の議論がきちっと進むのかの監視が必要なのです。

2 「街の法律家」は誰か

「街の法律家」という言葉に、一般大衆はどんな職業の人間を想像するのでしょうか。この言葉から手繰り寄せていったとすると、現実には市民は、いろいろな人に出会うことになってしまうかもしれません。

現在、この言葉もしくはこれに近い表現を、弁護士、司法書士、行政書士が使っています。ただ、ネットなどで見ても、行政書士がこれを標榜しているケースが多いようです。

これは、ちょっとした論争になっています。

二〇〇七年に行政書士会の全国組織・日本行政書士会連合会（日行連）が行政書士の仕事を紹介するために作ったポスターやパンフレットについて、日弁連が使用中止を求めたことがありました。そこで使われていた「街の法律家」や「Lawyer」といった表記が、弁護士業務をしているとの誤解を与えかねないとしたのです。

日弁連の言い分としては、「法律家」とか「Lawyer」は法律事務についての代理権を持つ、主に弁護士をさすもので、そもそも司法機関と関係せず代理権がない行政書士には名乗る資格がない、というものでした。

一方、行政書士側の言い分からすれば、要するに「街の法律家」といったって、市民は必ずしも弁護士を連想しないというもので、結局、行政書士会側が突っぱねた感じになっています。行政書士と兼職の相性がいいとされる社会保険労務士でも、行政書士を兼ねることで「法律家」のイメージがつく、ととらえている人さえいるようです。

英語表現としての適格性の問題はさておき、この論争のポイントは、日弁連のこだわる「法律家」という言葉ではなく、実はむしろ「街の」という方にあるのではないか、と思うのです。「街の法律家」という意味は、要するに「身近な法律家」ということです。市民のそばにいて、気楽に相談に応じることができる存在であり、市民のパートナーであるということです。そういう意味で、この表現は多分に、対弁護士を意識した言葉ととれます。なぜなら「敷居が高い」といわれ、今回の司法改革でも「身近」になることを課題として掲げている弁護士の、いわば弱点をつく形になっているからです。より「身近」であるイメージを打ち出すことが、よりその士業のメリットを強調することにつながっているというわけです。

つまり「街の法律家」の乱立は、士業による「身近」イメージの争奪戦といってもいいと思います。

司法書士についても、対弁護士という姿勢は同じです。各都道府県にある司法書士会の連合体、日本司法書士会連合会（日司連）のホームページには、「市民に身近な『くらしの法律家』」というコーナーがありますが、そこではっきりとそれが分かります。

「弁護士は三大都市圏および大都市に約六六％が集中している」

「司法書士は全国に分散している」

こう銘打って、各都道府県の司法書士と弁護士の人数を並べた表を掲載し、いかに弁護士に比べ、司法書士が偏在していないかを強調。さらに簡裁代理権を獲得していることを踏まえて、二〇〇九年現在「全国の簡易裁判所数四三八中、司法書士が存在する簡裁四三三（約九八・九％）、簡裁代理権を持つ認定司法書士が存在する四二六（約九七・三％）」として、いかにも弁護士が見向きもしなかった簡易裁判所を司法書士がこれだけフォローしている、という感じのアピールをしています。

確かに司法書士会の場合、東京が三〇〇〇人を超え、大阪と愛知がそれに次いでいますが、弁護士ほどの大都市集中傾向はなく、所属会員が五〇人から六〇〇〇人（東京三会を合わせれば一万四〇〇〇人）まで地域で大きな差がある弁護士会に比べ、司法書士会は二桁のところがなく、明らかに地域ごとの人数の偏りがありません。弁護士は「街の法律家」といっても、それは本当に大きな「街」、都会に沢山いる法律家である実態があるのです。

弁護士としては、ここだけ取り上げられてより「身近」を強調されるのは、あまり面白くないかもしれませんが、事実は事実です。「身近」という意味では、弁護士は劣勢ととらえている弁護士もいます。

日司連のネガティブキャンペーンともいえるアピールが、どれだけ効果があるかは一概にはいえない面もありますが、そのことよりも、「身近」というテーマで、いかに弁護士を意識しているのかが分かります。

ただ、弁護士の偏在は急速に解消しています。また、増員された弁護士が、今後これまでよりも活動の領域を広げることは予想されるので、簡裁を含めた「空白地」的描き方は難しくなることは考えられます。弁護士からすれば、能力と、いざという時にやれる法的手段の絶対的な違いを主張するでしょう。弁護士の増員よりも先に、「身近」な実績づくりをしたい各士業側の思惑も見えます。

さて、いうまでもなく、「街の法律家」がだれを指すのかを決める究極の審査員は、利用者・市民です。これまでの話は、すべて自己申告の話といっていいでしょう。アクセスも費用も、身近であることの要素かもしれませんが、それで直ちにこの称号が与えられるとも思いません。増えた弁護士、権限を拡大された士業が、ともに仕事の中身で国民の期待を裏切れば、それはそれでアウトですから。むしろ各士業とも、そちらについて楽観視し過ぎていることの方が気になります。

3　「有識者」という人たちの弁護士評価

「有識者」とよばれる方々のご発言には、時々驚かされることがあります。ここでいう「有識者」とは、政府が「有識者」として集めた方々のことです。

とりわけ司法、その中でも、弁護士に対する評価あるいは認識では、えー？　と思うものによく出会う感じがします。

最近もありました。総務省が総務大臣政務官主宰で、二〇一〇年五月から、法曹養成制度の政策評価の在り方を検討するために有識者を集めて開催してきた研究会が、同年一二月、報告書を公表しました。

この報告書の内容としては、司法試験年間合格三〇〇〇人の未達成だとか、法科大学院修了七、八割合格のはずの新司法試験の合格率が年々減少、平成二二年度は二五・四％だとか、多様な人材確保のはずが、同年度の実績で法学部以外の人の占める割合は、法科大学院入学者の二一・一％、合格者の一九・〇％だとか、要するに誤算だらけの今回の「改革」でできた新法曹養成制度・司法試験制度の実態を確認。司法制度改革審議会が出した、ご存知改革の「バイブル」、最終意見書を度々引用し、それと実態とのズレを指摘しているのはいいのですが、まあ、その路線で「なんとかせねば」というスタンスに読めます。

この意見書に添付されているヒヤリングに臨んだ方々の意見には、貴重な指摘もあるのですが、全体的な内容自体はひとまずおいてここで言いたいのは、「有識者」委員の方々のご意見の方です。この研究会にも、ジャーナリスト、学者、銀行の法務部長が「有識者」として参加されています。

委員の発言でも、今回の「改革」がこの国の法的ニーズの受け皿を、弁護士以外のいわゆる「隣接士業」を含めた総体でとらえないで法曹人口の論議がなされてきた点や、急激な増員の影響について、きちっと指摘した委員の意見もあるにはありました。

ところが、弁護士関連となると、こんな見解が飛び出します。

「法曹人口問題は、見方を変えれば、政府と敵対できる法律家はどれぐらいに抑えるべきかという議論でもある」

「法曹人口の増加による質の低下等の問題は、弁護士について言われているのではないか。裁判官、検察官は、成績上位者から採用すればよいので、法曹人口が拡大しても実害がそれほど直接は感じられないと思われる」

「一つの割り切りとして、弁護士の資格は上位三〇〇〇人の方には与えましょう、ただし、全員が弁護士として食っていけるかどうかは別ですよという考え方はなかったのか」

まあ、これが居酒屋での世間話なら目くじらをたてることもないでしょう。あるいは、弁護士の中でも、「有識者といったっていろいろな奴がいるさ」と言ってしまう寛大な方もいるかもしれません。

ただ、そうではありません。歴とした政府の研究会です。さすがに日弁連も、二〇一一年一月二五日に出したこの報告書に対する意見書の中で、委員の中のこうした弁護士の役割、法曹三者に必要な能力について「理解されていないと思われる意見」に懸念を表明、「くれぐれもかかる誤った認識を前提と」してくれるな、と忠告しました。

そもそも有識者方式は、あまり評判はよくありません。専門家の方々をお招きしてご意見を拝聴し、国の政策に反映させようというのだから、誠に殊勝、結構なことといった筋書きですが、そうでもありません。

悪評についておさらいすれば、要するに「有識者」とされた方々は、もともと政府の「応援団」の方々が多く、結果は推して知るべし、「出来レース」ではないかという指摘です。言い換えれば、「有識者」の肩書を利用した国民懐柔策ではないかということです。いわゆる審議会よりも難問が設定され、結局、行政・政治の都合で、議論の中身が最終的に骨抜きになる傾向を指摘する人もいます。人選の基準のあいまいさ、メンバーの偏りといった問題もいわれます。

それでも多数意見に対して、その問題性を指摘する少数意見が提示される意義をいわれる方もいます。ただ、これはやや虚しい。会議の設置目的が前者のものである以上、「それでは設置の意味がない」と当局者は考えるからです。ましてのちに実施される意見公募の中身がどれだけ最終的に反映されるかは、要チェックです。

それにしても、今回の研究会に限らず、どうも弁護士に関することとなると、こうした会議の委員からは、ときどき驚く意見が飛び出す傾向があるように思えるのはなぜでしょうか。司法改革をめぐる議論では、たびたび登場しました。

別に、弁護士に特別に寛大な意見や甘い見方を提示する必要は、もちろんありません。ただ、極端にねじ曲がった見方は、それこそ日弁連が懸念するようにそのまま何らかの形で政策の方向性に反映する可能性はあります。それを含めて「出来レース」ならば、さらに大問題であることはいうまでもありません。

なんとなく、弁護士への厳しい意見が世間に受け入れやすいムードが、既にできているのかもしれません。ただ、その意見の向こうにあるものが市民のためになるかどうかは、それこそ要チェックです。

第6章 改革幻想

1 弁護士の数が国の人権レベル？

弁護士の数を増やすべきか否か。かつてこのテーマで取材した大物のある弁護士は、胸をはってこう言いました。

「弁護士の数が、その国の人権のレベルを決めるのだ」

その頃は、まだ弁護士会の弁護士増員議論は今ほどは激しくありませんでしたが、この人は弁護士は増員すべきという立場でこうおっしゃったのでした。

えー？　と思われる方もおいでと思います。ぴんとこない話で、なんとなく、ものすごく偉そうに聞こえるかもしれません。

だけどもこの自負心は、当時、多くの弁護士の中にあり、実は今も多くの人の根底にあるのではないかと思っています。とりわけ、「人権派」といわれる弁護士のなかで、増員賛成派に回った人の考え方、言い分は、異口同音にこうしたものでした。

この言い方はある意味正しいと思います。想像してみてください。あなたが紛争の当事者になり、家族も友人も含め、社会全体があなたの言い分に耳をかさなくなったとしたら。その時、最後の最後まであなたに付き添って、あなたの権利の主張をしてくれるのは弁護士です。つまり、弁護士は人権の最後の砦なのです。

前記した言い方は、要するにいくつもの最後の砦が機能することで、この国の人権がちゃんと守られ確立していく、ということです。

私は以前いた新聞社で、各国の人権ＮＧＯから送られてくる人権侵害の救済を求めるレポートを世界に配信している国際組織からの情報を要約して、毎週、日本の法律家に向けて流していました。その内容はすさまじいものでした。信じられないことかもしれませんが、諸外国をみれば、国家権力を含む強大な権力が個人の人権をあからさまに侵害しているケースはいくらもあり、そういう国では弁護士が命がけで人権のために戦っているのです。

こうした言い方がぴんとこないということがあれば、まだこの国の市民がそこまでの人権の危機感を感じずに済んでいると言えなくもありません。冒頭の発言をした弁護士を含め、これに賛同する人権派の方からすれば、「弁護士がいればいるほど、市民を人権侵害から救済できる」ということになるのです。

この国では今、弁護士が大増員の真っただ中にあります。「それじゃ、人権のために結構なことじゃないか」と思われるかもしれません。まあ、そうかもしれません。ただし、弁護士がつぶれてしまわなければですが。

今の増員議論では、「ニーズ」という言葉が飛び交います。社会で弁護士が必要とされることが沢山あるのだという考え方が弁護士の増員を後押ししています。端的にいえば、弁護士を経済的に支える有償のニーズと、ボランティアでも立ち上がらなくてはならない無償のニーズの話がごちゃごちゃなのです。

企業の弁護を含めあらゆる紛争は人権問題だ、なんていう人もいますが、基本的に人権問題はお金になるわけではありません。このまま弁護士が増え、弁護士が経済的に追い詰められれば追い詰められるほど、言い方は語弊がありますが、お金儲けにたけた弁護士だけが生き残り、お金儲け抜きで手弁当で弱者のために立ち上がる弁護士が、この国から消えていくということになりかねません。

前記の崇高な自負心からすれば、人権派の心理として、増やす「ニーズ」論に反対しにくい面もあるかもしれませんし、総体が増えれば比率として人権派が増えるという考えかもしれません。しかし、人権派の中にも、それ以前の問題として、前記したような危機感から反対している人が沢山います。

まず今起こっていることが、もっともっと多くの市民に伝えられなければならないと思います。

2　それでも弁護士を目指すのか

分かっていても、時々妙な気持ちになります。

「法曹人口を増やす」とか、「計画通りならば、一〇年後は五万人」とか。

こういう法律家たちが、「職業選択の自由」という言葉を知らないわけではありません。法曹になるかならないかは、それぞれの勝手。つまり、こうした意見と議論は一つの大きな前提のうえに成り立っています。

それは法曹、とりわけ弁護士が、これからも多数の国民が目指す「人気商売」であり続けるならば、ということです。

これまでは、「日本一の狭き門」といわれた司法試験に志願者が殺到していたのですから、「門番」の調整一つで確実に増員できる、という話だったでしょう。

でも、法曹志望者注目の法科大学院も「七、八割合格」の化けの皮がはげ、また弁護士になったはいいが職はない、羽振りのいいのは一部に限られ、全体の平均年収は警察官よりも低いらしいといったことが広く国民に浸透したならば、どういうことになるでしょう。

どんなに法曹界の人間があがこうと、食えないところに人は集まらず、増員は夢に終わるはずです。だからといって、「増員問題は存在しない」ということにはなりません。仮に、将来的にこうした形で増員が不達成に終わるとしても、その間に多数の法曹と法曹志望者、ひいては依頼者である国民の血が流れることになるからです。

実は有識者を含めて増員論の方のなかには、市場原理を重んじて多数の弁護士がサービス競争を行い、「淘汰」されていくことで、いずれ質も確保できるというお考えの方も多いわけですから、食えないところ、おカネにならないところに人が来ないことも、人一倍よく理解されているはずですし、当然であると受け止めてしかるべきということになります。

つまり、彼らもそこまで国民からこの仕事が見放されるとは、ゆめゆめ考えていないということです。質については、「淘汰」で楽観視されているということですから、もちろん今、弁護士会が懸念しているような就職難や経済難は、全く問題なし、と考えていなければおかしいことになります。それこそが「淘汰」のプロセス。食えない奴は退場しなさい、という話のはずですから。

もっとも、政府が選んだ「有識者」の方の中には、食っていかれるかは別に、司法試験で上位三〇〇〇人に資格を与えたら、という人もいるくらいですから、そういう方々も質の確保についてはあまり念頭にないか、相当に楽観視されているかの、どちらかではないかと思う時もあります。

まして、「淘汰」の間の実害などは、増員派の眼中にはないように思われます。

弁護士会内では、相も変わらず、根拠が示しきれない「ニーズ論」と、現実的なニーズ不足・弊害論の対立が平行線の状態です。もっとも、「二割司法」はいささか誇張しすぎだったととらえる方は増えてきているようには見えますし、現日弁連執行部も、このほど政府が設置を決めたフォーラムでも、年三〇〇〇人を見直し、増員をペースダウンする気配になってきてはいます。

ただ、これらも含めて、今行われているのは、やはり冒頭の前提に立った議論のように思えてなりません。将来、法曹界を志望するかもしれない市民の目に、この世界がどう映っているかとは、全く別の次元で行われている議論です。

「七、八割合格」のうたい文句にひかれ法科大学院に入ったものの、合格できない人や、「修了後五年以内三回」の受験回数制限に苦しむ人の、「新法曹養成残酷物語」もマスコミに紹介されていますが、それでもこの世界の多くの人間は、まだまだ国民はこの世界を見放さないという自信があるようです。やはり、この世界の人間は、自らがどう見られているかということをよく理解していないのではないか、と思ってしまいます。

増員慎重派の弁護士の中には、増員計画を立てた時点で、もっと自治体や企業の弁護士需要を調査すべきだったとする人もいます。増員による質の低下についても、予想がついたことではないか、という見方もあります。しかし、増員派の大マスコミはそのことはいわず、依然「官民で就職口を増やせ」と言っています。「まずは、推進派の法律事務所と新聞社が新人弁護士を採用しろ」という声が出るのも無理からぬことのように思います。

ネット上のYahoo!知恵袋では、「法曹界はもう魅力がないのでしょうか」という問いかけに、こんな回答がなされています。

「高収入、高地位を求めるのであれば、やめておいた方がいいんじゃないですか。高収入、高地位を確保できるのは、特定分野のエキスパートや大手渉外事務所の弁護士など、弁護士でもごく一部です。三振のリスクもあり、地位・収入を求めるのであれば他に様々な職業もあります」

法曹界の自信とは裏腹に、もはやこれが、一般の常識的な受け止め方になりつつあるようにすら思えます。まあ、それでも法曹界の人間は「われわれが来てほしい人材は高収入、高地位を求めている人間ではない」といった正論で反論されると思いますが。

宇都宮健児・日弁連会長は、機関誌『自由と正義』の二〇一一年一月号の年頭所感で、昨年立ち上げた「法曹人口政策会議」でまとめる基本政策について、「市民・国民の理解」「世論の理解・支持」を強調しています。

もちろん、これは弁護士の利用者である国民の理解ではありますが、それは、その法曹人口の未来を支える弁護士志望者である国民の理解にもつながっていることを忘れてはなりません。

3　「『改革』への期待感」という幻影

二〇〇〇年二月一八日、東京・有楽町の読売ホールで、日弁連などが主催した、あるパネルディスカッションが開かれました。タイトルは、「裁判が変わる・日本が変わる　わが国司法改革のゆくえ」でした。

既に当時の記憶はあいまいになっている部分もありますが、それでもこの催しについて鮮明な記憶として残っているのは、一つにはその後弁護士界で語りぐさにもなる、その盛況ぶりでした。

会場は集まった市民でごった返し、定員約一五〇〇人というホールは超満員。さらにそれと同数の約一五〇〇人が会場に入れず、資料を渡して帰って頂いたという話まで残っているものです。

この盛況ぶりをもって、その後、「改革」推進派の方々は、司法改革に対する市民の関心の高さ、期待の高さを示すエピソードとし、さらには逆にそのことから、「改革」の意義や正当性を強調するような風がありました。

しかし、私の受けた印象は、必ずしもそういうものではありません。むしろ、そのムードは異様でした。どういう形で、どういう意識のもとで、この参加者たちがその場に集まっていたのかは分かりません。ただ、この「改革」についての期待感が、本当に彼らを突き動かしたと見れるのか、率直に疑問だったのです。

前年一九九九年七月に小渕内閣に司法制度改革審議会が発足、さらに二〇〇〇年一一月に同審議会中間報告、翌二〇〇一年六月最終意見書という流れのなかで開催されたこの催しの趣旨を考えれば、これはむしろ推進派からの「高揚運動」のように思えたからです。盛況は効果ではなく、これ自体が運動ではないのかと。

実はこの催しで、もう一つ印象に残っていることがあります。司法審委員の中坊公平・元日弁連会長の冒頭のあいさつです。この盛況の立役者は、実はこの人ではなかったのか、という人もいました。司法改革路線を牽引し、「平成の鬼平」とまで称された中坊氏は、一躍マスコミの寵児となり、真偽のほどは分かりませんが、彼見たさ、彼の弁聞きたさに市民が殺到したのではないかというのです。もちろん、これは前記期待感の話と矛盾するような話としては語られませんでした。まるで彼自身が、「改革」の期待であるかのように。

ところが、意外なことがありました。冒頭あいさつに立ったその日の中坊氏は、不思議なほど沈んでいるように見えました。それが何を意味するのかは断定することはできないのですが、彼はこの時あいさつのなかで、正確な表現は忘れましたが、こんな趣旨のことを言ったのを覚えています。

「この『改革』は、残念ながら市民が下から求めたものではない。ただ、進め方によっては、市民のための『改革』になる」

もし、この発言が浮かないようにみえた当日の彼の表情と関係があるとすれば、あるいは彼の信奉者は、司法審内で「市民のため」に孤軍奮闘する「改革」最大の功労者の苦悩を、ここに当てはめるのかもしれません。ただ一方で、「下からではない」と言明された「改革」と、この催しの盛況のコントラストは、国民の自発的な意思と期待感では直ちに結びつけられない、別の意図を印象付けるものでもあったのでした。

裁判員制度をはじめ、今問題になっている弁護士の増員、新法曹養成制度にしても、実は「下から求めたものではない」という現実を、この「改革」はずっと引きずっているのではないか、と思えます。その先の「市民のためになる」という実感が、いまだもって社会が共有できたとは言い切れない現実は、そもそも「市民のためになる」という規定の仕方自体も、実は「上からの」、「下」に伝えきれない、この「改革」の姿そのものを表しているようでもあります。

今、法曹界退場までのその後の中坊氏を知ってしまっているがゆえに、この日彼が垣間見せた苦悩の表情は、どこかで彼が描いたシナリオと違う自分と「改革」の未来について、見通していたのではないか、といった根拠のない深読みもしたくなりますが、それもまたきれいに描きすぎのように思えます。

ただ、こうして見てくると、期待感を示す盛況が必要だった、あの日の催しを含む「改革」

運動の輪郭が、浮かび上がってくるのです。

4　自己責任と精神論が飛び交う「改革」

「七、八割合格」という法科大学院構想のうたい文句に、「裏切られた」という大学院生の声を大新聞が報じ始めたのは、既に今から五年くらい前のことになります。

「七割合格と聞いたから思い切って会社を辞めたのに。国に裏切られた」

今にいたるまで、時々大新聞が取り上げる「新法曹養成残酷物語」に登場する、人生を狂わされたとする法曹志望者たちのコメントです。

実は法科大学院修了者の七、八割が合格するという、司法制度改革審議会最終意見書がうたった目標ラインについては、その根拠の希薄さや実現可能性、影響などを危惧する声は当時から少なからず法曹界にありました。結果は案の定、志望者たちの落胆と混乱を生むものになったわけです。

ところが当時、政府の司法制度改革推進本部顧問会議のあるメンバーが、大新聞に、こうしたコメントを寄せているのを目にしました。

「合格率が低下するのは学生も予想できたはず」

すかさずの自己責任論という印象でした。

二〇一〇年に合格者を三〇〇〇人にする計画で、その時点で「七、八割」達成には一学年四〇〇〇人の計算が、初年度から約五七〇〇人が入学してしまった。法科大学院自体も二〇〜三〇校の見積もりが大きく外れて、七四校も誕生してしまった――既に、国側の「誤算」に関するこうした公式見解は発表されていました。

国が「想定外」を強調して、どうも責任は大学側にあるようなニュアンスの発言をするなかで、前記学生に向かっては、「想定内だっただろ」といっている前記顧問会議メンバーの発言の都合のよさは、何なんだと思わざるを得ませんでした。

前記意見書の表現では、合格できるようにする人数を修了者の「相当程度」とまで表現し、その例示として七、八割という具体的な数値をあえて示しているのですから、少なくともそれを下回る「相当程度」は予想しにくいと言われても当然です。前記発言は、「看板に偽り有り」でも、まるで「信じたものの自己責任」をいうようなものに見えます。

しかし、考えてみればこれと同じような現象が、あるいは大量増員時代の弁護士たちにも起きているのかもしれないと思えます。

弁護士には沢山の活躍の場もニーズもあるといわれ、いざ、この世界にくれば就職難、まさかの「ワーキングプア」の称号まで。それでも、ニーズはまだまだあるという旗を掲げつつ、「誤算」は急激な増員政策のせいという、推進した責任を不問にした他人事のような言い方もまかりとおっています。

自分で選んで取得した資格、入った世界なんだから、努力して生きろ、いやなら出ていけという自己責任論も、前記「想定できただろう」という自己責任論も、この場合そんなに距離があるような気はしませんし、少なくともこの現状下、これからこの世界に来る人には、全く同じといっていい「想定内」をいう自己責任論がかぶせられることになるでしょう。実に都合がいい話です。

そして、もう一つの傾向を挙げるとするならば、この都合がいい自己責任論は、精神論ととても相性がいいようです。自己責任の烙印を押した状況に対して、「なせばなる」的な精神論がダメ押しするような形があります。

若手の弁護士、あるいはそれに限らず、増員の影響を受けている弁護士たちには、「なんとかしろ」「なんとかできる」の大合唱。弁護士を安く、使い勝手よくしたいために増員で弁護士の業務モデル自体を変えたい経済界の方々から、増員の旗を振ってきた法曹関係者、大マスコミまで、「甘ったれるな」「気合だ」といわんばかりに、見通しなき未来への突撃を命じる精神論を叫んでいます。

ようやくこの状況がまずいことに、日弁連執行部が気付いたと分析する人もいるようですが、その辺の評価は分かれるところだと思います。

もちろん、法科大学院・新司法試験の方も、「七、八割」が実現されない夢物語に終わるのならば、結局、狭き門でもチャレンジすればよろしい、という精神論がくっついた自己責任論で方が付くという見方もできなくありません。

増員を抑制することは、志願者をもっと苦しめるという人もいます。しかし、根本的な問題は、そのことより「責任」の所在がはっきりしない、いや、だれも「責任」をとらないで済む「誤算」を伴った方策自体と、それに関する正確な情報の未提供の方です。少なくとも、正確な情報とは、判断材料とすることができる「看板」の確かさについての、賛否を含むさまざまな意見であってもいいと思います。

判断材料があっての自己責任。「改革」推進に都合のいい情報だけを流したうえでの自己責任の追及は、とてもフェアとはいえません。

5　先輩を「無責任」と見る批判

若手弁護士の不満の声の中に、今、「改革」を推進してきた先輩たちの「無責任」を言うものを聞くことがあります。

「自分たちは、そりゃ大丈夫かもしれないが」

若手を直撃している経済的な問題について、現在の状況を招いた政策を推進してきた先輩たちは、その先のことをどこまで我がこととして考えていたのか、という問いかけです。逆に解釈すれば、身にふりかかる経済的なリスクがあるなら、もっと慎重な選択があったのではないか、ということにもなります。

さすがに先輩方の中からは、「そんなことがあるか」という反論も聞こえてきそうです。

もちろん、先輩弁護士たちのなかには、真剣にこの世界の将来を憂い、現状の若手の問題をなんとかしようと救いの手を延ばそうとしている人はいます。また、後輩の育成という視点から、それこそものすごいエネルギーを後輩たちのために注いできた先輩たちもいます。彼らが十把一絡げにされて、先の批判にさらされるのも、また気の毒とは思います。

ただ、あえて問うならば、なぜ若手は今、そんな批判的な視線を先輩たちに向け出しているのでしょうか。

およそ弁護士界のなかで、こうした批判は、司法改革以前にはほとんど聞かれなかった論調です。これはひとえに「改革」、とりわけ弁護士増員方針の決定への姿勢が生んだものといえます。過去における検証がなぜ、緻密に増員後の経済状況を見据えていなかったのか、今日の状況に至る可能性は、ちゃんと社会に伝えられていたのか――などなど。

あるいは「改革」推進派の先輩たちの能力を高く見積もれば見積もるほどに、そこにやれてやれないことではなかった方策と、それをやらなかった意思を読みとってしまうのもまた、分からない話ではありません。

さらに、彼らにそんな気持ちを強くさせているのは、そうした「改革」の懸念と現実を乗り越えようとする「なせばなる」的な精神論を、その先輩たちの口から聞くからでしょう。

ニーズを含め「改革」の「あるべき論」のほころびを、精神論で乗り越えようとする姿勢、しかもそれが押し付けられているのは若手である現実は、彼ら先輩たちの当事者意識への懐疑となって、若手の意識に沈澱しているように思えます。

言ってしまえば、「食えている」また「食えていける」見通しがある弁護士層が「食えなくなるかもしれない」リスクに、どこまで真剣に当事者意識を持って向き合っていたのか、というわだかまりです。

どこにいる、どの年代の、どういう業態の弁護士かによって、その経済状況は全く違うといってもいい状況になりつつあるのが現在の弁護士です。「改革」は、そうしたことをちゃんと射程に入れた評価をしていたのか、あるいは格差が広がることを前提としたものだったのか、ということにもかかわってくる話です。

また、さらにいえば、こうした増員政策の先に、不祥事増加や経済的環境の変化による会員意識の離反から、弁護士会の強制加入・自治がぐらつく危険性も、実は弁護士会主導層には分かっていたのではないか、とする見方もあります。

この仮定に立てば、弁護士会がその存立の支柱のようにいってきた「自治」の未来について、既に公式見解とは違う描き方をしている弁護士が、会主導層にも存在していることになります。

一方この間、日弁連執行部の「改革」路線に反対してきた弁護士からすれば、今日の状況は予想された事態であり、推進派の責任をいう声は、もちろん会内にあります。

ただ弁護士会全体を見れば、まだ「改革」の責任論が大きな声になっている状況ではありません。既にご紹介しましたが、現日弁連執行部は、二〇一一年三月二七日に発表した「法曹人口政策に関する緊急提言」で、「就職難が生じること自体、当初予測されていた弁護士への法的需要が社会に現れていない証であるという指摘もなされている」とし、過疎対策や裁判員制度対策についても、「今の増員ペースによらなくても対応可能」と、方針の修正提案のような主張を掲げていますが、それでもこれが推進者の責任を認めたものとまでは取りにくい内容です。

「改革」推進者の「責任」については、現状認識としても「まだ途上」として、弁護士会が決定的な反省に立つ世論状況にはなく、ましてや主導層の当事者意識とか「無責任」がいわれても、それは「根拠なし」と片付けられる状況だとは思います。

さらには、逆に弁護士界外の世論もマスコミも、あるいは自己責任と精神論で、彼ら若手の心得違いをいう側に味方するかもしれません。

しかし、ある意味、これまでの弁護士会にはなかった、若手の中に芽生えつつある会とその方針を支えてきた先輩たちへの不信感は、精神的な離反という形で、弁護士会のこれまでの形そのものの変える、一つの火種になるような気がします。

6　新司法試験という「点」が残った理由

新法曹養成制度を最も象徴するものとして、法曹界では「点からプロセスへ」という言葉がよく使われてきました。これまでの、一発試験で採用する司法試験（点）をやめて、法科大学院、司法試験、司法修習を連携させた教育（プロセス）に法曹養成のあり方を変えたというものです。

度々引用している、「改革」のバイブルである政府の司法制度改革審議会が二〇〇一年に発表した最終意見書が、まさにこの「点」「プロセス」という表現を使い、改革の方向を示したことによっています。なぜ「プロセス」なのかといえば、端的にいって大学法学部が法学専門教育の場として不十分である一方、司法試験合格のための受験生の予備校依存という現象が、法曹の質確保という意味では問題があるという認識に立ったのです。

ただ、素朴な疑問を呈する人がいます。「『点』は残っているじゃないか」と。法科大学院という新たな養成過程が出現しても、そのあとにちゃんと新司法試験は残っています。なぜ、「点」は残っているのでしょうか。

よくいわれているのは、この試験はあくまで法科大学院教育の成果の確認なのだというものです。確かに前記最終意見書の文脈でも、新司法試験が「法科大学院教育を踏まえた」ものであることを挙げ、同教育に比重を置いていることを挙げています。

また、同意見書には「法科大学院では、その課程を修了した者のうち相当程度（例えば約七〜八割）の者が新司法試験に合格できるよう、充実した教育を行うべき」という、のちに受験者から「詐欺的」とまで称されることになる内容の下りがありますが、当初、「七、八割合格」を挙げていることからも、これまでの司法試験のような、いわば「落とす試験」、つまり、ここで大幅にふるいにかけるような形を想定していなかったということも考えられます。

しかし、かつての一発試験によって、受験技術で鍛えた以上の資質・能力を判定できないのであれば、法科大学院という新たなプロセスができたとしても、その効果を一発の試験で図ることの妥当性が問題にされる余地がないわけではありません。プロセスを強調するならば、現に司法試験がないカナダやオーストラリアのような形を選択するという手もありました。

ここで「点」が残った理由はいくつか考えられます。一つは法科大学院というプロセスに、そこまで依存させられない、ということ。どこかで統一的にレベルを測る必要があったという見方です。もう一つは、やはり統一的政策的に合格者数の調整ができる「点」を残す必要があったということ。さらに、その前提としてもう一点挙げるならば、「試験」という形での合否が、実は社会的に納得のいく選抜の方法として一定の説得力をもつ可能性があること、です。

そもそも「点」である「試験」は、所詮断片的な知識の調査（たまたまヤマが当たる可能性もある）だとか、はたまた受験者自身の本番の弱さや、当日の体調まで挙げれば、果たして本当の実力を図っているのかといった妥当性の問題は、ある意味、いくらでもいえる余地があります。

それでも、その「試験」が選ばれているのは、どこかで線を引かねばならない選抜という要素がある場合、一定限度の知識・能力を測る便宜的で「フェアな方法」として、社会的な合意が得られるという前提があるから、ともいえます。「試験」をパスするという、見える「点」を求めるという言い方もできるかもしれません。

旧司法試験について嫌った「点」という形は、その意味で新司法試験に残ったとみることもできます。法科大学院というプロセスに本当の信頼を置くのであれば、その裁定に預けることもできるわけですが、たとえ「試験」が法科大学院での成果を図りきれるものではないとしても、バラつきが生まれかねない法科大学院の教育と裁定に合否を預けるよりは、これが社会的にフェアな形としてとらえられる可能性がある、という判断をしたことになります。

既に「七、八割合格」が破綻し、新司法試験が旧試験同様、「落とす試験」と化している現実もありますが、前記したようなことからすれば、やはり両試験自体の性格にどれほどの違いがあるのか、という見方に立つこともできるように思います。

さて、最近、河﨑健一郎弁護士が書いた「河童の『法曹の質低下』論」という面白い論稿を読みました。新法曹養成制度が法曹の質を低下させたとする論調への懐疑的な見方と、現在の界内論議のあり方への問題を提起した内容です。

その中で、彼は司法研修所の修了試験に当たる「二回試験」(司法修習生考試)の不合格率上昇という事実は、「司法試験合格者の質が低下した」という議論には繋がり得ても、「法曹の質が低下した」という議論に繋がらないはず、なぜなら、二回試験の選別作業が機能しているがゆえに不合格率が高まった、という論理構造が前提となっているから、というのです。

その一方で、「二回試験」を資質具備のカットラインとみるならば、同様の論理で既存法曹を対象にした法曹免許更新制も考えられてもいいはずだが、弁護士界内部にそうした声が皆無である点が、「質低下論」が社会全体に対して迫力を持たないことと表裏の関係にあると分析しています。ただ彼自身は「法曹の価値の本質はそこにない」と免許更新制には反対だそうです。

しかし、ここでいえることは、逆に前記したような社会的に最も合意が得やすい形が、「試験」自体の限界と切り離されて選択されるのだとすれば、おそらく間違いなく、法曹免許更新制は社会から支持されるだろうということです。

なぜなら、それはその制度が「法曹の価値の本質」を測り得るものであるかどうかの前に、大衆の目にはもっとも分かりやすく、「フェア」な法曹の「質」担保策としての「点」に映るはずだからです。

7　「法科大学院」中心主義の不思議

若手弁護士が抱える現在の経済的な苦境の根本原因がどこにあるのか。このテーマをたどっていくと、この国の経済状況を別に考えれば、おそらく「法科大学院」にたどりつくと考える人は、実は少なくないと思います。

司法修習生に支払われる給与の廃止が、新人への負担として弁護士会が問題視し、その継続を求める運動に現日弁連執行部の前半のかなりの労力が費やされた印象もありますが、それもさることながら、とにかく以前よりもおカネがかかる法科大学院の存在は、それこそこれまでの司法試験制度と比較して、決定的に経済的な負担となっていることを認めなければならないと思います。

ところが、素朴な疑問を持つのは、あれほど「おカネ持ちしかなれなくなる」といって、これから法曹界に入る人間の経済的な負担の弊害を強調する人々が、なぜ、この法科大学院の負担について、もっと神経を尖らせないのか、ということです。というよりも、さらにいえば、はじめからとにかく「法科大学院を中核とする」という理念を守れ、といわんばかりに映る弁護士会の姿勢があるように思えてならないのです。

なぜ、このことに強い違和感を持つかといえば、それはかつて弁護士会があれだけこだわってきた司法試験の平等性、つまり法曹になることに誰でもチャレンジできる機会保障という特性を、あまりに軽視しているように思えるからです。

一発試験であった司法試験は、「点」の採用として問題視され、法科大学院を加えた「プロセス」の法曹養成が、「質・量ともに豊かな法曹」を作るのにふさわしい、ということになったのですが、実ははじめからその引き換えに、だれでもチャレンジできる機会保障は犠牲にした話でした。

法科大学院を経由しない、いわば「バイパス」として残された、「予備試験」ルートについて、法科大学院を本道とする立場からは、とにかく「狭き門」にするという既定方針ですが、弁護士会が当初から全面的にそうした立場に協力する姿勢をとったことも少々驚きでした。

弁護士の中には強い異論もありましたが、平等受験の機会保障を犠牲にしても、「法科大学院が本道でなくなる」という懸念の方を重視したわけです。

結果として、新法曹養成で掲げる「多様な人材確保」の目標は達成できず、今、それが課題となっているわけですが、それはおカネと時間のかかる法科大学院の新設と、狭き予備試験ルートを考えれば、ある意味、はじめから分かっていた当然の結末です。現状を基準にする限り、明らかに旧司法試験の方が、この点では適しているに決まっています。

二〇一一年三月に発表された「法曹養成制度の改善に関する緊急提言」では、受験機会を奪うものとして問題が指摘されている受験回数制限を、修了後五年以内三回を五回に緩和することにとどめ、予備試験について「法科大学院を中核とする法曹養成制度の理念を損ねることのないように運用すること」が挙げられ、依然、明確な法科大学院中心主義の堅持を打ち出しています。

回数制限撤廃や予備試験拡大を主張する、強い会内世論はあります。ただ、弁護士会執行部として、こうした会内世論にどれだけ向き合っているのかは疑問です。

なぜ、ここまで「法科大学院」中心主義の流れになったのでしょうか。もともと今回の司法改革以前、弁護士界の中でも、とりわけ海外通といわれる人々の間から、諸外国のロースクールに学べとする指摘はありました。ただ、彼らが大きな流れを作ったというわけではありません。法曹界は長く、統一試験・統一修習の理念のもと、司法研修所を中心とした法曹養成の改革を議論してきました。

「内案」だなんだといって、若年化対策や人材確保について多くの時間と労力をかけてきた法曹界の法曹養成議論の枠組みが、あっという間に変わり、司法研修所教育中心主義の最高裁までが、あっさりといっていいくらい、この「法科大学院」という制度に舵を切った背景には、やはり「法曹の大増員」という大方針が決定されたことにあったといわれています。

かつて取材したある法曹関係者は、当時の状況として、「法曹の大幅な増員の方向が決まった時、これまでのように司法研修所に全面的に頼ることを前提とした法曹養成の議論の枠組みが変わり、法曹界側も法科大学院を受け入れざるを得なくなった」と語っていました。

その後、「改革」の「バイブル」とされる、二〇〇一年の司法制度改革審議会の最終意見書に明記されて以降、今日まで弁護士会の法科大学院中心主義は一貫しています。

実際は、法科大学院はスタートから、大学側の「大学起こし」的な思惑であちこちに立ち上がり、修了者の「七、八割合格」の見通しも大きく外れるなど、多くの誤算をはらむことになりました。この誤算を、法曹界側が見通せたかどうかという問題はもちろんありますだけども、それは別として、そもそもなぜ日弁連・弁護士会は、そこまで「法科大学院」に肩入れするのでしょうか。やはり、「バイブル」のご威光でしょうか。それとも、もはや本来こだわるべきところにこだわれない弁護士会になった、ということでしょうか。それが気になります。

8　都合がいい「法務博士」の行方

「淘汰」という言葉は、どうも数の見通しが外れたときには、とても都合のいい言葉のようです。

これまでも書いてきたように、弁護士の増員に対する慎重論をはねのけようとする人たちは、よくこの言葉を使います。増員をめぐる現在の世論状況について、もちろん彼らは、今となっては「想定内」のような顔でこの言葉を使いますが、本当はどうか分かりません。

それでも、「『淘汰』にあずければいいのだよ」といえば筋が通る、というお考えですから、「丸投げ」的なこの言葉は彼らには都合がいいでしょう。そして、これも何度もいうように、「想定内」であるのならば、今の就職難、経済難という話も、この言葉の前にすっ飛びます。なぜなら、それこそが「淘汰」のプロセスだからです。実に都合がいい。

そして、どうもこのマジックワードは、乱立した法科大学院にも使われるようです。「詐欺的」と批判されている「七、八割合格」に対する当局および関係者の「公式」な弁明は、乱立した法科大学院の数が予想値を超えたことにある、というものです。

「数」の誤算は競争で「淘汰」され、良質なものが残るという方法にゆだねる。「社会はみんなそうしているでしょ」といえば、「確かに」というような話にもなりますので、都合がいい話です。

そして、もう一つ都合のいい話にできないかとの関係者の思惑が見え隠れするのが、「法務博士」の扱いです。この法科大学院制度創設で設けられた学位の価値を上げられないか、というものです。修了「七、八割合格」の化けの皮がはがれ、五年以内三回の受験回数制限で、法曹になれない人たちを「法務博士」として社会が受け入れれば問題はないじゃないか、と。

ただ彼らの救済策のようにいわれるこの案は、実は法科大学院の救済策です。法科大学院に時間とおカネをかけたことは無駄ではない、ということになり、前記「詐欺的」の汚名も返上できるのではないか、ということでもあるからです。しかも、「法務博士」の、いわば実績に対する社会的評価が形成されていない状況で、「有効活用」をいう無理が、いかにも苦しい言い方です。

そもそもこの論は、法科大学院に入った人間の意思を全くかえりみていないものです。彼らの大部分は法曹を志して入学していることは間違いありません。もちろん、何度でも受験機会を与えられたい人もいます。

これは、実は前記した「淘汰」の問題ともつながっています。法科大学院は専門職大学院です。高度専門職業人の養成を目指す場なのですから、当然、そうした職業人が誕生してこその成果という見方はできます。教養を身につけたり、学問的研究が成果とはいえません。

「点からプロセス」の新法曹養成でも、新司法試験という「点」が残っている以上、それを念頭に置くのも、前記目的からすれば当然の結果。法科大学院の指導現場から、どこまでが許されざる「受験指導」で、どこまでが許されるトレーニングなのか、戸惑う話がいまだに聞こえてくるのも、専門職大学院の宿命からすれば、建て前と現実のはざまの苦悩ということで説明のつく話になります。

「淘汰」の過程で現実的に法科大学院に期待されてしまうことと、「法務博士」活用の話には少々ズレがあります。

もちろん社会が本当に「法務博士」を、その能力を買って現実に広く受け入れるというのであれば、状況が変わるという見方ができないわけではありません。

ただ、それに対しては、修了者の中に悲観的な見方が強くあります。三回の受験で失敗した修了者を揶揄する言葉に「三振博士」というものがあるそうです。

いくらでもチャレンジはしたい修了者の現状では、法曹断念の「法務博士」は、事実上ほとんどがこの言葉の対象になってしまうわけですが、彼らからすれば「法務博士」は、法科大学院修了の能力の証であるというより、三回チャレンジしても法曹になれなかった証ととられる懸念があります。また、現実に採用する企業側が、そう解釈する可能性が低いとはいえない現実もあります。

日弁連が三月に発表した「法曹養成制度の改善に関する緊急提言」では、この受験回数制限を三回から五回に緩和する提案をしているものの、廃止までは打ち出していません。

「三振博士」という汚名はなくしても、結局、「法務博士」でなんとかしてもらう、という見通しなき都合のいい話の方に近い立場のようにも見えます。「あきらめてもらうのも必要」「受からないのもまた自己責任」。そうした意見がすかさず受験制限容認の方から出てきそうですが、都合のいい話の上塗りのようにも見えてしまいます。

「法務博士」活用論が、修了者のためというより、法科大学院制度の価値を下げないための都合がいい話に見えてしまう時、そもそも大学運営という別の要素を引きずる機関に法曹養成を預けることについて、もう少し丁寧な議論が必要だったのではないか、と思えてしまいます。

9　弁護士過疎と増員の本当の関係

地域に弁護士がいないという、いわゆる弁護士過疎・偏在の問題解消に、弁護士・弁護士会はものすごいエネルギーを費やしてきました。

法律相談センター・公設事務所の設置、定着化の支援、さらには「ひまわり基金」を設立し、二〇〇一年から会員に特別会費を拠出させてそれを支えてきました。積立期間は当初の予定から度々延長、月額一〇〇〇円に始まり、一五〇〇円、一四〇〇円と変わり、現在月額七〇〇円で、この政策が二〇一三年三月まで続けられることになっています。

一九九六年から始まったこうした活動で、全国の二五三の地裁・支部の管轄地域のうち、同年に弁護士ゼロが四七、一人が三一存在していた、いわゆる「ゼロワン地域」が急速に解消、二〇一一年三月現在、ゼロ地域はなくなり、ワン地域が三になるまでになりました。

さらに日弁連は、弁護士が二人以上いても、人口や法律サービスの需要に対して弁護士が不足している地域があるとして、弁護士一人当たりの人口が三万人を超えるような地域を「弁護士偏在解消対策地区」（二〇一〇年一二月一日現在、九三カ所）として定め、二〇一三年をメドに解消を目指しています。

さて、この弁護士過疎・偏在問題の解消の成果と今後の目標が、弁護士の大量増員の必要性と結び付けられて語られることがしばしばあります。「弁護士を大量に増やさなければ、過疎・偏在は解消しない」というものです。

ただ、この意見には素朴な疑問を持ちます。弁護士の大量増員を成り立たせるものとして期待されているのは、弁護士の自由競争ということになっていますが、弁護士の過疎・偏在そのものが自由競争の結果ではないか、と思えるからです。つまり、需要がないと判断したところに弁護士がいないということではないか、ということです。

だとすれば、弁護士を増やして問題が解消するというシナリオは、どう考えるべきなのでしょうか。弁護士が都会に集中している現象が、これによって地域に流出するということがあるのであれば、そこで食えない、あぶれた弁護士が、地域に流れるということを想定していることになります。

しかし、この根拠や効果、つまりどのくらい増やすことでどの程度の地方流出が起こるのか、全く未知数です。さらに、その地方のニーズといわれるものが、どれだけの大量の弁護士を実際に食べさせていけるものなのかについては、さまざまな見方が出されています。

そもそも食えない弁護士の増産を前提に地方流出を構想すること自体、「地方の人達を愚弄する発想を含む」として、その不適切さを指摘する声が弁護士会の中にもあります（武本夕香子「法曹人口問題は、ここ数年が正念場です――東弁意見書を読む」）。

過疎・偏在は、日弁連のこれまでの成果を見ても、実は適正配置の問題とみることができます。増員による流出ではなく、特別な支援を伴う政策として考えるということ、逆にいえば、そうしたものがなければ、自由競争では成立しない地域状況を前提とすべき課題ではないのか、ということです。

現在、対策を実際に支えているのは、いわば有志の精神だと思います。個々の弁護士の問題意識といってもいいかもしれません。実際に過疎地域に飛んで活動している弁護士たちはもちろんのこと、会員に拠出を求めている会費自体、ある意味、そうした犠牲的精神に期待して成り立っているものです。

あえて、このことと大増員を結び付けるとすれば、自由競争の上にたって、「地方にニーズはまたまだある」ということよりは、「増えれば、それだけ有志も増えるはず」といった方が、まだ分かりやすいように思えます。もちろんこれにしても、効果の程度は未知数ですし、そもそも犠牲を前提とし続ける無理は、根本的な解決をも疑わせるものであることは変わりません。

裁判所や法務局が地域から撤退しているなかで、弁護士だけが犠牲を払って、過疎と向き合っている観もあります。弁護士大量増員の必要との結び付け方によっては、地域の本当の事情を見誤らせることにならないのかという疑問を抱きます。

10　伝えないマスコミ論調の壁

大マスコミの報道のスタンスは、時として、ありのままの現実を伝えることよりも、ある種の意図を優先させます。もちろん、紙面づくりにしても番組にづくりにしても、見方によっては、すべて意図的という評価の仕方はもちろんできるのですが、伝えない意図、伝える意図をたどっていくと、どうしてもありのままの現実を国民に伝えるということとは、別の目的があるように考えられることがあるのです。

この震災と原発事故以前の、大マスコミの菅民主党政権への論調は、「朝日」を筆頭に、総じて「甘い」と思っていました。さすがに最近は違ってきましたが、明らかに指向性があったと思います。民主党政権を擁護したいのか、はたまた菅直人を守りたいのか。

なぜという疑問について、先日、政界に詳しいジャーナリストと話をしましたが、彼いわく、そこにはやはり「小沢」というキーワードがはっきり関係している、とのことです。「小沢一郎」の登場を真剣に避けたいマスコミの本音を聞きました。小沢報道からもちろん逆算できることとはいえ、大マスコミの意図をそこまでのものと見ない方もまた沢山います。すべての「陰謀」も「不都合な真実」も、大衆の「まさか」に逃げ込めることもまた真実なのです。

過去の「小泉人気」や「郵政選挙」だって、そういう見方ができます。

裁判員制度や法曹人口増員など、およそ司法改革をめぐるマスコミ論調についても、明らかに指向性を持っています。もちろん、「改革」を推進するという論調なのですが、その意図を見てしまうと、果たして「国民のため」と括りきれるのか疑問に思ってしまうのです。なぜなら、伝えるべきことの方が「国民のため」になると思えることを、伝えていないように見えることが沢山あるからです。

裁判員制度は、なぜ「強制」されなければならないのか、なぜ「強制」が許されるのか。こうした形での「強制」導入の前例は、問題にならないのか。国民の同意は、この場合後付けで構わないのか。「裁きたくない」という思想・信条は、なぜ犠牲にされていいのか。国民は、本当は誰に裁かれたいのか。「統治客体意識」という描き方は、伝えられているか、などなど。

それこそ、およそ「民主主義」ということでいえば、当然、投げかけられていいことが投げかけられていない現実は、これに大衆の予想されるリアクションが、あるいは「改革」推進にとって、「不都合な真実」をはらんでいるからです。

弁護士の増員にしても、その描き方は、増えれば便利になる「国民のため」論で描かれますが、その先について「不都合な真実」は伝えられているでしょうか。まだまだあるニーズの話も、競争で現実的にこれからどういう弁護士が増えるかも、弁護士増員の利を求めているのが本当は社会のどういう層かも、大衆はそんなに司法におカネを投入する余裕がないことも、「二割司法」という描き方の極端さも、増やさなければいけない裁判官の話も――。

国民は馬鹿ではない。馬鹿でないからこそ、推進者にとって、「世論」はなんとしても取り込まなければならないものです。国民にフェアな材料を与えることは、時に推進の足を引っ張る「世論」形成につながる、それを恐れればこその話です。やぶへびな報道は、存在しないのです。

もちろん、「世論」を偽装することだってできます。取捨された街の声も、識者のコメントも、もちろん意図のもとに組み立てられ、伝えられることもあります。公平をイメージするような巧みさを伴って。逆にいえば、フェアな世論形成の前に、大マスコミが立ちはだかるという構図があるということです。

しかし、インターネットを通して状況は変わりつつあります。別の見方、別の意見に、大衆がその気になればアクセスすることができます。もちろん、玉石混交の情報のなかで、それを国民が取捨することは容易ではありませんし、そこがまた別の意図を持つ人達の世論形成の場になることも目の当たりにしています。今後どういう状況をこの環境が生み出していくのかは不透明ではありますが、記者クラブ制度に風穴をあける動きとともに、少なくともマスコミと大衆の関係を変えていく可能性があります。

第二次司法改革の話が出ていますが、フェアな判断材料が国民に提示されるかどうかという意味で、このことは今後も、重要なポイントになるだろうと思います。

第7章　変化する弁護士像

1　変化した「人権派」という称号

あなたとって、「人権派」という言葉は、良いイメージですか、悪いイメージですか。個人の受け止め方は、もちろんさまざまですが、おそらくネットなどで調査すれば、現在の日本では、おそらく悪い方に大きく傾いた結果が出ると思います。

「人権派弁護士」という言い方をよく耳にされると思いますが、弁護士に限らず、政治家、学者、市民活動家などにも使われる、人権擁護を標榜する（標榜しているとされる）人びとをさす言葉です。かっちりした定義がある言葉ではありません。人権尊重の立場での発言・活動している人に他者がつける「称号」の場合が大半です。

そして、この「称号」は、いまやこの社会では尊称であると同時に蔑称なのです。

「人権派」という言葉の扱いは、大きく変化しました。私が記者を始めた三〇年前は、少なくとも「人権派弁護士」という言い方は尊称でした。弁護士の中でも、自らを「人権派」と名乗る人がいましたが、ある意味、尊称であるがゆえに、自称しないような感じもあったと思います。

弁護士法の一条には、弁護士の使命が、基本的人権の擁護と社会正義の実現であることが規定されています。だから考え方によっては、弁護士である以上、全員が「人権派」であるともいえなくありません。それだけに、弁護士会のなかで、特に人権に重きを置いた活動をする「人権派」が本道のようなポジションであったのは、当然といえば当然の話です。

かつて弁護士会の中では、「人権派」に対して「ブル弁」（ブルジョア弁護士）といった言い方もされました。この定義もはっきりしませんが、ビジネスローヤーとされる方々を含めた、おカネ儲けをされて羽振りの良い弁護士の、こちらは蔑称といっていいでしょう。

そのブル弁はかつて、「人権派」に比べて、圧倒的に弁護士会内でマイナーな存在でした。以前、どちらかというとその「ブル弁」の代表格のように見られている企業弁護士と話をしましたが、彼は「当時は、およそ弁護士会館の中を歩くときも、まるで石をぶつけられるんじゃないかというムードだった」と語っていました。そのくらい肩身が狭かったというのです。

そのムードが変わりました。「人権派」が弁護士会内で本道というイメージでなくなり、肩身の狭かった「ブル弁」とされた方々が台頭し、企業・渉外弁護士が弁護士の花形のように扱われるようにもなりました。

その背景には、五五年体制の崩壊とともに、弁護士会内の人権派を占めていた、いわゆる革新系の弁護士の発言力が低下したことや、司法改革の路線をめぐり「人権派」が分裂したことなどを指摘する人がいます。

また、この点に関して、安田好弘弁護士は鼎談のなかで、人権派弁護士の瓦解が、中坊公平・元日弁連会長の住宅金融債権管理機構（住管）社長就任を契機にした、人権派弁護士の同機構への流出、さらに警察・行政と一体となって取り締まり側に回った反オウム側の弁護士の存在などと繋がっていた事実を指摘しています（「検察国家日本を斬る」）。

司法改革でもいわれた「オールジャパン」という体制の中で、「人権派弁護士」の立ち位置が、ぼやけてしまった感じもあります。権力との位置取りは、ある意味、「人権派」という称号の生命線だったのかもしれません。

そうした流れとまさに軌を一にして、「人権派」一般に対する社会的な評価にも異変が生じた感があります。凶悪事件の被告人や在日外国人への弁護無用論ともいえるような批判的論調とともに、「人権派」のスタンスが偏重しているというような見方が、インターネットなどを通じて広く流布されることになりました。

もちろんこの中には、刑事弁護士、人権派弁護士という仕事の宿命ともいうべきものもあります。人権を擁護しようとするものは、時にその被害者と同様の人権侵害を覚悟しなければならないという人もいます。人権派弁護士は、およそ社会的な孤立は覚悟のうえです。

ただ、今起きていることは、不気味な社会的風潮です。「人権派」がたたかれる状況は、そもそもこの社会の少数者への目線が変わってきたことを意味しかねないからです。それは、かつてはそれこそ社会の中で少数派であった排除の論理が、本格的に台頭する前兆のようにもとれます。

「人権派」が蔑称として語られる先に、どんな社会が待っているのか。やはり、ここは冷静に考えてみる必要があります。

2　弁護士は医者と同じ？

医者と弁護士。一般大衆の話のなかでは、この二つはよく並べられて使われます。両方ともその道の専門家ですが、こういう組み合わせで使われるときのニュアンスは、どちらかというと社会的ステータスに重きを置いたもの。いつのまにかこの二つの職業は、この社会で、社会的地位が高いお仕事の代表選手になっているようです。転じて、ともにしっかり稼いでいる話にもなっていきます。

弁護士自身は、自らを医者にたとえられることをどう思っているのでしょうか。高い社会的地位を医者と比べられることにご満悦な弁護士も中にはいらっしゃるかもしれませんが、むしろ、そうではなく前記した「その道の専門家」ということでは、実は弁護士界では、お仕事のイメージとして弁護士を医者にたとえよう、という話になっているのです。

これには伏線があります。政府の司法制度改革審議会が二〇〇一年六月に発表した、最終意見書です。文字通りこの国の司法制度の改革の方向性を示したこの審議会のことについては度々触れていますが、現在に至るまで、法曹界で改革の「バイブル」のように扱われているその最終意見書にこんな記述がありました。

「国民がその健康を保持する上で医師の存在が不可欠であるように、法曹はいわば『国民の社会生活上の医師』の役割を果たすべき存在である」。

「社会生活上の医師」？　なんのこっちゃ、と思われる方もおいでかと思います。これはこういうことです。お医者さんが日ごろ病気と向き合っているように、法曹は法律の専門家として適切な予防方法や対処法をアドバイスする、より身近で親しみやすいパートナーを目指すべきなのだ、と。

法曹という言葉は、弁護士ほか裁判官、検察官を含む法律に携わる仕事の人を指しますが、この意見書の文脈は、とりわけ弁護士という存在に向けられているととれます。現に裁判官や検察官で、自らを医師にたとえる話はあまり聞いたことがありません。身近なパートナーというイメージは、独立した自由業である弁護士に結び付けやすいということでもあります。

このイメージはいける、と思われた弁護士の方々が、この世界には沢山いらっしゃったようです。市民から「敷居が高い」ととられていることが、いわばアクセス障害と感じている弁護士にとって、医者のように、身近で気楽にかかれる存在を目標とすることはうなずける話ではあります。この意見書以前にこの世界で弁護士は医者を目指すべき、としていた人は、主に弁護士が事後的な事件処理だけでなく、紛争の「予防」の役割を果たす存在になるべき、との視点から唱えてもいました。

一般の市民感覚としても、結構な話じゃないか、と思われる方々もいらっしゃるでしょう。政府の審議会も、たまにはいいことをいうじゃないか、と。

でも、はっきりいいます。医者と弁護士は全く違います。

考えてもみてください。医者という存在は、市民だれもがまずお世話になります。入院しなければならない病気にもいつなるかわかりませんし、風邪やちょっとしたケガなど、まあ大概の人は嫌でもお医者さんに行くことになります。人生の最期にも、まずお世話にならざるを得ません。

弁護士は違います。少なくとも現在、一般市民にとって、「弁護士のご厄介にならなきゃならなくなった」という場面は、極めて異例の事態。あるいは降って湧いた災難かもしれません。大概の人がかかわらなくて済んでいる、という現実の違いは決定的なものがあります。

弁護士が医師に自らをたとえる意味を理解しながら、なぜ、こんな意地悪な言い方をするかといえば、基本的なことですが、実はこの点を弁護士はよく分かっていないんじゃないか、と思うことが度々あったからです。

企業や団体のように恒常的に弁護士とお付き合いがある関係は別として、一般の市民にとっては、ある案件での弁護士とのお付き合いは、一生に一度あるかないかの代物です。ほとんど次はありません。一回こっきりの大勝負で、身体や財産が決定的な状態になるのです。親しみやすさといっても、仕事の性格が違いすぎます。

こういうと、弁護士の方からは、「今の日本社会の現状を前提としているのではなく、国民の意識改革も含めて、予防という意味でも弁護士が身近になるような社会を目指すべきなのだ」とおっしゃる方もおられると思います。それはそれで結構ですが、やはり問題は当の国民が果たしてそういう社会を求めているか、です。日常のささいな法律問題から紛争になりそうなことまでを、いちいち弁護士に相談する社会を本当に国民が望んでいるか、の話です。現実の一般市民が、審議会のいうような医師に「健康保持」を求めるように、法律家を求める実態が本当にあるのでしょうか。

法律問題に悩む市民はいます。その人のために体制を整えておく必要はあります。どうアクセスを確保しておくかの課題はもちろんあります。だが、あえていえば、法曹に対して、予防を含めて「医師」に求めるようなニーズが、現にこの国に存在しているかのようなイメージの描き方は、やはり違っているように思います。

3 「責任」と「人権」の感覚

ご覧になった方もいらっしゃると思いますが、『朝日新聞』二〇一一年四月一一日の「声」欄に興味深い投稿記事が出ていました。福島原発のニュースに対して、投稿者のドイツ人の友人が、東電社員が現場に残り作業を続けていることに「心を打たれた」と評したうえで、こう語ったというのです。

「危険な場所で人々が責務を遂行している。民主主義の先進国でこれが可能なんて信じられない。ドイツ人ならみんな、残って作業するのを断るだろう」

この彼は、国際弁護士でした。それだけに、投稿者も「人権に特に敏感なのかと思った」との感想を漏らしています。しかし、この件について意見を聞いた、一般企業に勤めるオーストリア人の知人もこう即答したと言っています。

「欧州なら軍隊は出動するかもしれないけど、企業の社員が命をかけて残るなんてありえない。まず、社員が拒否するだろうし、それを命じる会社は反人道的とみなされる。大惨事になる危険があっても、少人数を犠牲にしていいわけがない」

これを読まれた方の何人かは、某首相の姿を思い出され、あるいは「欧州じゃなくてよかったね」と思われたのではないでしょうか。東電の「社員を撤退させたい」との意向に、「電力会社の役割を投げ出すつもりか、社長を呼べ」と言い、幹部を前に「撤退などあり得ない」と大声を上げたとされる某首相が、今頃、今の日本ではあまり聞こえてこない種類の批判の集中砲火を浴びていただろうことが想像できてしまうからです。

ここに登場する欧州人の感覚ですべてを語れるのかはもちろん分かりませんが、ここで示されていることを前提とすれば、やはり、現在の日本人の感性との違いを示すエピソードに読めます。投稿者は「日本的な責任感」を示すものとし、それが欧州で驚きをもって受け止められている事実に注目しています。

と同時にこのエピソードは、その裏返しにもう一つのことを物語っています。それは、大衆の「人権」に対する目線です。もちろん、このことは日本人が東電社員の人権を軽視していることを意味しているわけでは決してありません。東電社員やその家族の苦しみを理解し、また彼らを思う日本人は沢山います。

ただ、日本の大衆が個人の「人権」と「責任」がぶつかるような局面で、個人が「人権」を優先させることを果たして当然と受け止めるか、優先させるという決断のもとに会社の命令を受け入れた場合でも、会社が「反人道的」として世論の攻撃対象になるのか、といえば、それは必ずしもそうなるとはいえません。

さらに、国際弁護士の言で注目できるのは、「民主主義」を持ち出しているということです。つまり、彼の認識からすれば、「民主主義の先進国」ならば、こうした「人権」と「責任」が対立する局面で、個人が「人権」を主張することは当然であり、また社会もそれを当然と受け止める、ということのようにとれます。

さて、このことを日本の弁護士の仕事に引きつけて考えれば、ひとつの現実を浮かび上がらせます。それは、形は違っても、いろいろな紛争の場面に登場する「人権」と「責任」の対立する局面で、純粋に、あるいは「民主主義」的に主張される人権優先の主張に、日本においては世論が必ずしも加担しない状況が起こり得ること、少なくともその価値の比較考量において、「責任」に重きを置いた判断が働く可能性があることを意味するということです。

それが、また弁護士の仕事や役割に対する評価につながることも考えられます。この投稿者が最初に考えたように、この国際弁護士のいうようなレベルのとらえ方は、「人権に特に敏感な」弁護士という仕事のゆえだというような見方は、投稿者の特別の感覚とはとても思えません。

投稿者も指摘するように、こうした日本人の責任感や精神は尊く、そこに驚嘆をもって受け止める外国人が、あるいは尊敬すべき姿としてとらえていることの意味もあるとは思います。とらえ方によっては、個人を犠牲にする精神は、個人の「人権」を差し出して、多くの人の「人権」を救う姿ともとれます。

日本人の場合、この個人の意思を尊重することが、美徳としての犠牲的精神を尊重することととらえられている面を否定はできず、評価の仕方は単純ではありません。

ただ、犠牲はいかなるものからも、どんな形であっても強制されるべきではなく、また、人権はあるいは世論からも守られなければならないことを考えれば、日本で徹底的に「人権」の立場に立とうとする弁護士たちの厳しい位置取りもまた、このエピソードから見えてくるような気がします。

4　弁護士「格付け」の無理とニーズ

弁護士の「格付け」については、いろいろな見方があります。

この手のものでよく話題になるものに、『日本経済新聞』や『日経ビジネス』などに掲載される弁護士ランキングがあります。あくまで大企業に対するアンケートを基にしていますので、企業ニーズを前提とした大企業の「顧客満足度」が見えるものといってもいいかもしれません。

こうしたビジネス系弁護士のランキングについての同業者の評価はさまざまですが、弁護士の仕事ぶりや評判について、意外と見えていないともいわれる同業者間で、その筋の弁護士や弁護士とかかわりを持つ企業関係者からは、「なるほどあの人ね」と、うならせる結果への感想も聞こえてくるにはきます。

ただ、こうした「格付け」的なものが、企業ニーズに限らず、弁護士一般についてもあり得るのかとなると、意見が分かれます。

問題として、まず、何をもとにするのかということがあります。「顧客満足度」の中身は、事案に対する具体的な対応・処理の仕方、結果、姿勢が考えられます。しかし、これを細分化して、指数のような形で集計しても、果たしてそれが「弁護士の格付け」として成立するのか、ということです。

弁護士の対応は事案によってさまざまで、ある対応の仕方がAの当事者に満足でもBの当事者を満足させられないことはいくらもあります。それを指数換算がどこまで反映できるのか、です。前記日経のランキングにしても、大企業ニーズに特化して、それなりの指標として成立している面もありますが、それこそ中小企業のニーズを念頭に置いたならばどうなんだ、という意見も出ています。

集計ができたとしても、それが伝える市民へのメッセージとして、どの部分をランキングの意味するところのものと提示できるのかをはっきりしなければ、あるいは結果として、それをもとにして弁護士を選んだ市民の不満を生んだり、期待を裏切るだけに終わる可能性もあります。

もうひとつの問題は、「格付け」の「権威」です。実施主体が、どれだけ社会的に信用されているかが、いわば「格付け」の「格付け」になります。その的確性の問題がありますし、弁護士ということについていえば、そうした「権威」が作られること自体に不安もあります。「権威」が成立している背景によっては、その顔をうかがうような弁護士が、必ずしも「格付け」を意識して、正しい向上心から社会にサービスを提供するようになる、よい意味で「評判を気にする弁護士」だとはいえないと思うからです。

自治の責任主体として、では、日弁連が「格付け」主体になるのはどうかといえば、関係者の話を聞いても、現状では難しいと思います。問題の一つは、強制加入団体として「格付け」をすることの会員間の公平性が必ず問題になること、もう一つは前記したように弁護士の「格付け」方法自体の持つ困難性です。要するに、「格付け」の結果に対する会員と利用者からのクレームに対して、組織としては責任が負いきれないという見方があるようです。

ただ、一つの動きとしては、弁護士の「専門」に関する認定制度を作る議論があります。これはランキングのような「格付け」とは意味が異なりますが、基準や責任という問題が発生する面では、前記した「格付け」と共通するものをはらむので今後の対応は注目されるところです。

では、こうした「格付け」は必要かと大衆に問えば、どのような答えが返ってくるのでしょうか。おそらくは「必要」もしくは「あったらあったにこしたことない」といった回答ではないでしょうか。それは少なくとも、弁護士選びに対して大衆は決定的に情報不足を感じ、選ぶ際の指標や目安、手かがりを求めていることは事実だからです。

広告が原則解禁されているといっても、日弁連の弁護士業務広告規程やその運用指針を見れば、一般的な感覚からすると、相当な縛りがかかっているものに見えると思います。「格付け」

の対象としてよく引きあいに出される「勝訴率」の表示は許されず、「専門」を名乗ることも、「得意」「取り扱い」という表現とは区別して、「自称」の弊害から前記認定制度構築を待つように指導しています。

客観的基準が問題になることを強く警戒しながら、こうした社会的なニーズを認めざるを得ない日弁連の姿勢もうかがえます。

インターネット普及という状況下では、既に口コミという大衆評価が、客観性の問題をはらみながら、あらゆる分野でひろく選択指標として活用されている現実や、既に「専門」にしても弁護士自身がホームページ上で、いろいろな形で情報を発信している現実があります。

「ニーズ」ということを含めたそうした現実が弁護士「格付け」への道を開いていくのか、それとも今後とも客観性という壁による区別化がそれを阻んでいくのか――。最終的にどちらが、この国の弁護士と大衆のつながり方としてふさわしいのかという視点で、注目していかなければなりません。

5　弁護士への理解と敵対的世論

凶悪事件の被疑者・被告人の弁護に対して、社会のなかの一部には、特別な反応が生まれます。

「なぜ、こんな犯人の弁護をするのか」「本人も犯行を認め、はっきりと犯罪が成立しているのに弁護は必要なのか」「こんな犯人の減刑を求めることが社会正義か」などなど。

この手の疑問は、弁護士でも市民からよく尋ねられるという話も聞きます。もちろん、こうした疑問に対しては、当然「適正手続の保障」という観点での弁護士の役割や、刑事手続について説明が用意されるわけで、弁護士側からすれば、基本的には弁護士を含む制度への誤解という片づけ方になるとは思います。

また、弁護士の中には、こうした弁護不要論を、誤解という意味ではレベルの低いものとみたり、あるいは取るに足らない意見ととらえている方もいるようです。知識のレベルという意味でとらえれば、それこそこうした現実を、今、注目され出している「法教育」の射程としてとらえる見方もあるかもしれません。

さらにいえば、弁護士という仕事には、宿命的にこうした誤解をはらむ面があることは否定できず、また、それは既に多くの弁護士のなかに覚悟としてあることでもあります。

ただ、この問題は、実は軽くみることは決してできない、やっかいな側面を持っています。どんなに誤解だ無理解だといっても、こうした弁護不要論、もしくはそれと同じ方向を向いているととれる弁護士の活動に対する批判的な見方は、事件を取り巻く世論に影響を与えたり、社会的なムードを形成しかねないからです。

インターネットを媒介にして、こうした批判的な論調が広く拡散し、社会的ムードを形成する環境があります。もちろん、これは正当な弁護活動への圧力になります。

大阪府知事の橋下徹弁護士が二〇〇七年に知事就任前に出演したテレビ番組で、山口県光市の母子殺害事件の被告人の弁護団への懲戒請求を呼びかけたことが、問題となりました。業務を妨害されたとして、広島弁護士会所属の弁護士四人が一人当たり三〇〇万円の損害賠償を求め提訴しましたが、最高裁は二〇一一年七月に請求を認めた一・二審判決を破棄し、原告の請求を棄却する橋下弁護士側逆転勝訴の判決を言い渡しました（一審一人二〇〇万円、控訴審同九〇万円の賠償を命じる判決）。

この事件の衝撃は、橋下氏の取った行動よりも、その反響にあったといっていいと思います。実に八〇〇〇件以上の懲戒請求が同弁護団関連でなされたという事実は、呼びかけ・扇動という行為の影響のみならず、そうしたきっかけで破裂する世論状況が形成されていたことも、うかがうことができます。

無視できないのは、それが弁護活動に対する社会への説明責任という視点、裏を返せば、社会が納得しない弁護活動を許さない世論というものの、台頭を予感させるものだということです。

この状況は、今の裁判員制度時代を抜きには語れません。市民の常識、普通の感覚が司法に反映することの意義をうたうこの制度の思想の延長に、ある意味、「弁護士についても国民の常識が反映してもいいのではないか」という社会的ムードができる環境が整っているといえるからです。

弁護士に対する誤解に属する認識が、国民の正義感で語られる時、正当な弁護活動への圧力となり得る世論は、見方によっては、もはや前記したものと同様の弁護不要論の圏内に入っているとみてもいいのではないかと思えます。

そして、裁判員制度時代の発想やムードが、あたかもそれらにお墨付きを与えているような誤解が、社会に醸成されつつあるともとれるのです。

弁護士の仕事の、国民に理解されていない、もしくは理解しにくい部分が、国民の常識という視点で語られることを、これまでより弁護士は想定しておかなければならないかもしれません。一方で、弁護士のなかには、こうした状況が進むことが、さらに弁護士自身の刑事弁護離れを加速するという見方もあります。逆風的な世論が想定される事件を引き受けたがらない傾向が強まるということも考えられます。

弁護士はある意味、「国民」「市民」を強調してきた法律家です。ただ一方で、弁護士は多数派世論にも、時に敵対して活動しなければならない仕事です。そうした実態がありながらも、意外と世論の「常識」を味方につけている、もしくはつけることの方が強く語られてきた面はあります。

その意味では、敵対的世論とどう向き合うかが、今後、弁護士にとって最も困難で、かつ避けられないテーマになってくることもあるようにも思えます。

6　「弁護士」という名の多様な意識

弁護士という仕事は、本当にひとくくりにできない仕事です。仕事に幅がある、いろいろな分野に進出している、ということもできるかもしれませんが、取り方によっては、「弁護士」とひとくくりに同じ名称で語られることの方が、大衆への誤解のもとではないか、とすら思える時があります。

医者が専門でくくられているような形に、弁護士もより専門で分化することで市民により利用されやすくなるとして、それを弁護士会として目指していくべき、という意見もあるようです。それはそれで意味があることかもしれません。得意な分野、専門化した分野を専門医のようにアピールし、あるいは弁護士会がそうした弁護士へのアクセスの橋渡しをすることも考えられます。

ただ、冒頭に書いたひとくくりにできない、という意味は、多様な専門分野で活動している弁護士がいるという意味では必ずしもありません。専門化とも無縁ではありませんが、要するに弁護士自身の目的意識、つまり、何で弁護士をやっているのか、ということの意識格差に関してのことです。

もちろん、どんな仕事でも、その仕事を選んでいる理由、目的についての意識は、個人よってさまざまです。ただ、一つの資格で全員が強制加入の団体に所属している「弁護士」と名乗る人の意識の中身に大きな隔たりがあることを、実は大衆はよく知らないのではないか、と思うときがあるのです。

どの世界にもいる成功者とされる者とそうでない者、優秀とされる者とそうでない者、おカネ儲けがうまい者とそうでない者。こうした分け方を、大衆はもちろん弁護士についてもしているでしょう。ただそれ以前に、弁護士は自身で、ある種の路線選択をしているのです。

かなり前になりますが、ある弁護士のブログ（「弁護士夫婦の日常」）で、この弁護士の路線選択を非常に分かりやすく、的確に区分していると感じたものがありました。紹介させて頂きますと、以下の、四つの「人種」（パターン）に分けられるというのです。

① 大規模事務所、専門事務所または一定業種の会社等に所属して、一つまたは複数の分野の知識を高めることを追求するタイプ（↑私生活の時間が少ないのと引き換えに、地位・名誉・お金を得られる可能性が高い）

② 消費者問題、宗教問題、女性差別問題など、世の中の弱者または被害者に該当する人々を救うことを使命と考えて尽力するタイプ（↑私生活の時間が少ないと同時に収入も低いことが多いが、社会貢献を感じられる可能性が高い）

③ 取り扱う分野ではなく、独立して自分の城を持って弁護士業を行っていくことに喜びとやりがいを見い出すタイプ（↑地位・名誉は得られないが、私生活とのバランスはとりやすい

可能性が高い。収入はピンきり）

④　弁護士としてのある程度のやりがい、およびある程度の収入が確保できれば、後はあまりこだわらないタイプ

弁護士のいろいろなスタイルを見てくると、なるほどと思わせる分類法です。これを読んだ弁護士の方々も、一応このどれかに当てはまると思われるのではないでしょうか。

①のような人びとは、この三〇年くらいで、ある意味、よりエリートとしての立場を確立させてきた人びとで、かつてはともかく、今や弁護士の世界を目指す人が、はっきりビジネスローヤーとしての意識で入っていくといっていい世界です。

かつては②を自認するような弁護士が、弁護士会の活動を主導的に支えてきたような人たちで、「正義」や「人権」から大衆が連想する旧来の弁護士像といっていいと思います。

実は③、④の弁護士が、これまでも圧倒的な数で弁護士会の中に存在していたように思えます。弁護士会活動と一定の距離を置いて関与するか、全くしないかの層といえるかもしれません。

さて、「弁護士」とくくる場合、大衆はどの弁護士のパターンをイメージしているのでしょうか。実は多くの大衆は、区別がつかないまま、①でも②③④でも「弁護士」としての共通の資格の保証がある仕事とみているような感じがします。

逆に弁護士からすれば、当然、これは個人の自由に属することだというかもしれません。そ

れは、その通りでしょう。

ただ、一つだけいえることは、社会にまだまだあるという「ニーズ」も有償・無償がひとくくりにされ、一方で「まだまだやれる」「儲けている」という経済事情がひとくくりにして語られる現実の向こうには、あるいは個人の自由に属してきた弁護士の、これまでのスタイルが許されなくなる未来が待っているかもしれない、ということです。

そして、さらに問題は、意識としての弁護士の多様性が許されなくなっていく、その先に、どんな意識の弁護士が残り、どんな人がこの世界を目指すことになっているのかです。

7 「イメージ」とどう向き合うか

大衆のなかで形成される弁護士に対するイメージの源は、どこにあるのでしょうか。

「大衆」とくくった場合、こと弁護士あるいは司法との関係ではっきりしていることは、それと直接かかわった経験をもつ少数者と、おそらく一生直接かかわらない、あるいはかかわらないことを想定している多数者が存在していることです。

実はこのことは、大衆のなかにあるイメージにとどまらず、弁護士あるいは司法に向けられる無関心も含めた世論というテーマを語るうえでも、重要な意味を持ちます。

多数者のイメージ形成の源の大きな比重を、マスメディアが占めてしまう現実は、否定しがたいと思います。新聞やテレビに出てくる弁護士に関する情報が、イメージ形成に大きくかかわっていることになります。

ただ、大衆の目からすれば、実は弁護士という情報は限られ、限られた情報のなかで、そのイメージが作られている現実があるように思えます。

これはある意味、メディアの側からすれば致し方ない問題というかもしれません。メディアのニュースの素材とすれば、裁判ネタは別にしても、毎日のように報道するバリューがないという判断に従っただけでしょう。ただ、その結果として、大量の情報のなかの一つに過ぎなくなるということです。

したがって、ぽつりぽつりと出る弁護士や司法にかかわる、マスコミが他のニュースと並列にバリューを測った情報と、それこそタレント弁護士やドラマのなかの弁護士など、番組制作という一つのコンセプトのなかで露出する「弁護士」が、どうしても多数の大衆のイメージの源になっている現実があると思います。

自分のように、この世界に関心を向けている人間からすると、弁護士にかかわるネタのマスコミ報道は、かつてより格段に増えた印象を持っています。ただ、見方を変えて、例えば一週間、一ヵ月の新聞のつづりをめくってみれば、まさに、それは多くの情報の中に埋もれている感じです。

そのなかで、社会面の弁護士不祥事であったり、弁護士の増員や経済難の企画記事であったり、日弁連会長選の過熱ぶりであったりが報じられているわけで、このことは、いったん目を離してみれば、これだけを見ている人間が、日常的にこの世界を見ている人間とはかなり違った像を結ぶことになるのは、当然のような気になってきます。

そこをマスコミ側が意識しているかといえば、いささか疑問です。

かつて日弁連会長があるメジャー誌の表紙を飾った時、その編集長と話したことがありました。なぜ、彼を表紙に選んだのかと聞いてみると、彼の返答はこうしたものでした。

「今、弁護士を表紙にしようと思った場合、日弁連という団体の会長さんか、××さん（弁護士として知られる某女性党首）しか考えられないんじゃないですか」

要するに大衆が聞いて納得する団体の長か、その時の大衆が弁護士と聞いて、ぴんとくるような人がこの人選にふさわしいという説明でした。雑誌によっていろいろなコンセプトがありますし、いまの時点で弁護士イメージは違う人かもしれません。ただ、彼らからすれば当然のことですが、大衆のイメージ、あるいは自らが作ったイメージのなかで、大メディアが展開する例だと思います。

状況が一つ変わってきたのは、やはりインターネットです。メディアに取り上げられない人間が自ら情報を発信できる手段が生まれたからです。口コミがネットで流れることが当たり前の時代になった今、弁護士・司法体験者の情報がネットに流出し、マスコミのフィルターがかからない情報に、多数派の未体験者が触れることになったからです。

ただ、これが一面、問題をはらみます。ある種客観性の保証がない、個人の感情に基づく情報が混在するからです。ネット上では、弁護士に対する経験に基づいたととれるネガティブな情報であふれ返っています。この中には、もちろんマスメディアが取り上げない「告発」もあれば、一方的な見方による中傷が含まれてしまいます。

法曹の質の低下という議論が、今、この世界でもなされています。「低下した」、いや実は「低下していない」というやり取りがなされていますが、ある意味、そうした議論やそこでとらえられている現実とは違うところで、いわばその頭越しに、こうしたメディアやネットの情報で形成された大衆のイメージによる裁定が行われる可能性があります。

その時、メディアのとる行動は、はっきりしています。自らがつくったイメージによる大衆の裁定を、「民主主義」の旗を掲げて、重視せよと連呼するでしょう。その裁定が、本当の「現実」を反映していなかった場合のマスメディアの責任は明らかですが、これは大衆に責任があるとは必ずしもいえません。

こうした現象は、見方によっては、裁判員制度を含め、すべての制度論で起き得るといっても過言ではないように思います。

八方塞がりのような状況のなかで、何ができるのか。ある人は、マスコミの良識に期待するというかもしれないし、また、はやばやと敗北宣言をされる方もいるかもしれません。

唯一とれる手段は、とにかく発信することです。自らの発信は、前記したように客観性を疑われたり、保身といわれたりするかもしれません。ただ、メディアが作るイメージのなかで膨らむ世論が、常に正しいとはいえないのならば、マスメディアの良識ではなく、大衆の良識に直接訴えかけるしか方法がありません。メディアが無視できない世論状況をどこまでつくれるのかということになります。

常に運動論としていわれ、そして適わなかったという諦めが、かつての弁護士会の活動を知っている人の口からも出ます。ただ、諦めた瞬間、正しい制度論がイメージに敗北することもあり得ることを、肝に銘じておく必要があります。

8 弁護士の自己防衛は不吉な兆候

弁護士という仕事が人から恨みをかう仕事であることは、なんとなくみなさんも想像がついているとは思います。このことは弁護士自身からもよく耳にしてきました。

考えてみれば、勝ち負けが生じる裁判という仕事をしているわけですから、少なくとも半数の当事者から悪くいわれる、なんていう人がいます。両当事者が完全に納得できるというケースは少ないのです。

また、みなさんの中には、重大事件の被告人の弁護人に対して、「なんでこんな奴の弁護をするんだ」と思われた方もいるかもしれません。犯罪の容疑をかけられていても、彼らの人権は守り、正当な裁判を求めていくのは弁護士の職責ですから、彼らが責められるのは全くの筋違いですが、弁護士は度々「悪」の擁護者として誤解されます。時に社会全体を敵に回すことも覚悟しなければなりません。

弁護士は必ずしも多数者の擁護者ではなく、少数者の立場にも立たなくてはなりません。少数者が人権を侵害されていれば、その擁護者たる弁護士も、同様に人権侵害の対象になるケースは諸外国をみればいくらもあります。

これほど業態が攻撃される仕事も、ちょっと思いつきません。昨年も横浜と秋田で業務に絡んで弁護士が刺殺される事件が発生しました。

弁護士が業務に絡んで攻撃されることは、ある意味特別な意味を持ってしまいます。言うまでもなく、それは司法の否定につながるからです。犯行者はそこまでのことを考えず、ただ恨んで行ったことであったとしても、司法関係者への襲撃は、司法によって紛争が解決されるという基盤が否定されたことになります。その向こうに待っているのは、暴力の前に正義が委縮しかねない社会です。

以前、弁護士界では民事介入暴力などにかかわる弁護士を中心に、業務妨害というテーマでこうした問題は取り上げられてきました。その後、弁護士界の中で弁護士の自己防衛という意識が広がったのは、あのオウム事件の坂本弁護士一家のケースがあってからといわれています。

そのころから、日本弁護士連合会の会員名簿からも自宅の住所の抹消希望が増え出しました。

当初、弁護士の中には、「弁護士は二四時間、依頼者とコンタクトをとれるためにも、この対応はおかしい」とか、「逃げの姿勢ではないか」といった疑問視する見方もありましたが、今は完全に自己防衛やむなしの空気になっています。

とりわけ、二〇一〇年六月の横浜の事件を受けて、日弁連も法律事務所訪問直前に当事者の間で感情的な言動があった場合の面会回避などを対策として呼びかけました。また、弁護士の中には、知人や弁護士会などの紹介者がいる事件のみ受忍し、飛び込み案件を受忍しないといった自己ルールを作っている人もいます。

現実は、弁護士増員の影響で、経済的に困窮し、そんなことはいってられない弁護士も沢山いるとは思います。ただ、弁護士が結果的に間口を狭めるということになるのだとすれば、その向こうに待っているのも、また、正義が委縮した社会であることを忘れてはいけないでしょう。

弁護士が自己防衛に傾かざるを得ない状況は、やはりこの社会にとっては、不吉な兆候なのです。

9　アメリカンジョークの中の弁護士

アメリカでは弁護士はジョークの恰好のターゲットのようです。ジョークといっても軽い冗談を想像したら大間違い。これがすさまじい皮肉のオンパレードなんです。アメリカの大衆の大方の笑いはとれるのかもしれません。アメリカ人弁護士を除いては。

ネット上でも一部紹介されていますが、まとめてみるとこんな調子です。

「弁護士と吸血鬼の違い。吸血鬼は夜間しか人間の生き血を吸わないが、弁護士は二四時間吸う」

「道路でのリスと弁護士の違い。車でひきそうになったら、運転手はリスなら急ブレーキ。弁護士ならアクセルを踏む。ひいてしまったら、リスなら運転手はバックして生死を確かめるが、弁護士ならバックしてもう一度ひく」

嫌われ方が尋常じゃありません。たまたま「飛行機」絡みで、こんなのもあります。

「弁護士ばかりを乗せた飛行機がハイジャックされた。犯人いわく、『要求をのまなければ一時間に一人釈放するぞ』」

「昨日、飛行機がエンジン部分の事故のためニューオーク沖に墜落しました。なお、乗客には善良な弁護士は含まれていないもようです」

なんでここまで嫌われているのでしょうか。どうもその事情は、次のような話から見えてきます。

「依頼者『あなたは依頼料が高い弁護士だそうですね。五〇〇ドルで二つの質問に答えてもらえますか』、弁護士『もちろんいいですとも。で、二番目の質問は』」

「弁護士の飼い犬が肉屋のローストチキンをくすねた。肉屋『あなたの飼い犬が盗んだとしたら、あなたに支払いの責任がありますよね』、弁護士『もちろん。代金はいくらでしたか』、肉屋『七ドル九八セントです』。数日後、肉屋は弁護士から郵便でチキン代の小切手を受け取ったが、封筒には請求書が同封されていた。『法律に関する相談サービス一五〇ドル』」

どうもカネ取り主義や、カネに汚いところが嫌われているようです。

弁護士はいまや「アメリカで最も嫌われる職業」という人もいます。その背景としていわれているのが、弁護士の激増と弁護士広告の解禁です。

六〇年で五倍の弁護士増と、それがもたらした過当競争による派手な弁護士の広告と営業活動。それが、現在の弁護士の倫理低下を招き、国民からの信頼が低いその存在は、ジョークとなって大衆の皮肉めいた嘲笑の対象になっている、というわけです。

幸いなことに、日本の弁護士はまだここまで嫌われていません。だけど、日本でも弁護士は激増中、広告も解禁され、テレビでCMを見ない日はないほどになっています。

制度改革をいう中で、「諸外国」を持ち出すのがお得意な日本の法律家やマスコミが、度々「お手本」に持ち出すのがアメリカです。弁護士の数も、アメリカに比べて極端に少ないという人が沢山います。ちなみに弁護士一人当たりの人口比では、アメリカの二八〇人に対し、日本は四七三七人(二〇〇九年版『弁護士白書』)。もっとアメリカの弁護士は、日本の弁護士以外の法律関係士業の仕事をカバーしているので、こういう単純比較が成り立たないという話もありますが。

確かに統計的数値のうえでは、日本の弁護士はまだまだかもしれません。だけど、見方を変えると、日本の弁護士も、そろそろアメリカ並みかもしれません。アメリカンジョークになる条件を満たしてきたという意味で。

10 「タレント弁護士」と呼ばれる人々

テレビに出演する弁護士の姿は、この一〇年くらいで大きく変わりました。なんといっても一番の変化は、「タレント」という枠で弁護士が登場することが多くなったことです。

バラエティに、クイズ番組に、ラフな格好で出演している弁護士たちは、番組の途中からみた視聴者に予備知識がない限り、まず本職をさとられないでしょう。弁護士らしい法律的な話を一言でもいうシーンがあるかと最後まで見ていても、そのまま終わってしまう場合も多くなりましたし、もはや出演者も司会者もその弁護士にそうしたテーマをふることさえない場合もあります。

もはやお茶の間でみている大衆も、また番組の制作者も、弁護士をしている「タレント」という理解なのでしょう。「タレント弁護士」という言い方も耳にするようになりました。これ以前に、一般的になっている言い方に「タレント議員」というのがありますが、よく見るとこの二つの用法は違います。

「タレント議員」の方は、基本的にタレントとして活動していた人間が、その知名度を利用して議員に転身した場合に使われるのがほとんどです。一方、「タレント弁護士」は、タレントをしていた人間が弁護士になったわけではなく、もともと弁護士をしていた人のタレント兼業。従って、どちらかというと利用しているのは弁護士の肩書なので、前者の用法に従えば、「弁護士タレント」ということになるはずであり、実態もまた、そちらに近い気がします。

それこそ、一時代前までテレビに登場する弁護士は、「いかにも」という人々ばかりでした。メガネをかけて、ちょっと小難しい顔をした背広姿の堅物そうなおじさん。言っては何ですが、おしゃれな感じではありませんでしたし、また、女性の弁護士をお見かけすることもほとんどなかったといっていいでしょう。

ある意味野暮ったい感じは、法律を勉強し、難関の試験に合格した人間は、およそおしゃれなどには気を使うようなタイプではない、という大衆の固定イメージにぴったりとあてはまっていたのかもしれません。

もちろん出演している目的も完全に法律的なご意見番。クイズ形式で法律的な解答を引き出すような番組でも、弁護士がコメントするシーンでは、くだけた番組の雰囲気も、そこだけ一瞬はりつめるシーンもあったりしたものでした。もちろん、今でもそうした「役」で登場されている方もいますし、法律指南役ながらタレント性も加味した、いわば「笑い」もとれる存在になっている方もいます。そういう意味では、タレント化の濃淡はさまざまですが、作る側としての使いやすさから、それなりのポジションを確立している感じはします。

つまり、あくまで「タレント弁護士」は、メディアがその意向に沿って作り出したツールという面が強い存在です。

「タレント弁護士」に対する同業者のとらえ方は、さまざまです。以前はもちろんのこと、今でもこうした存在に冷やかな視線を向けている弁護士は沢山います。「弁護士は弁護士の仕事をすべきだ」という人もいますし、「品位」云々を口にする人もいます。

一方、肯定・擁護派は、表現こそ違え、「市民に親しまれる存在」とか「身近な存在」といった方向でのプラス効果をいうように聞こえます。テレビに登場する人が身近なイメージかということはさておき、とっつきにくい人々ばかりではないというイメージづくりとしては、ある意味、法律指南なき「タレント弁護士」にも、弁護士としての別の職業的役割が担わされていることになるのかもしれません。

ここで今、「タレント弁護士」が良いだの悪いだののいうつもりはありません。弁護士のテレビの露出度は、「オウム事件」以降、高まったといわています。テレビに限って言えば、今の傾向が生まれる背景には、そもそも大衆と弁護士の距離感の異変があったとの見方もできます。

ただ、気になることを二つ。一つは、タレント性が高まるほどに、弁護士という職名をアピールするものの、「弁護士」性がどんどん希薄化しているような気がすること。「弁護士議員」といわれている人たちの中の「弁護士」性が希薄化しているという例もあるにはあります。

そして、もう一つは、こういう形で作られていく弁護士の親しみやすさというものがあるのだとすれば、果たしてそれが社会の中で本当の意味で頼れる「プロの存在感」とともに、市民の中に育まれていくのかどうか、ということです。

もっとも中には、「俺はたまたま弁護士をやっているだけだ」とおっしゃる方もいるかもしれません。ただ、言うまでもなく、そうだとしたならば、「タレント」にしても「議員」にしても「弁護士」という肩書を付記する以上、最低でもそのイメージダウンにつながることだけは気をつけなければなりません。

第8章　弁護士の気概

1　「身近な司法」と「身近になってほしくない司法」

以前、あるところで、「身近になる」という司法の話をしていたらば、それを聞いていた一人が、いぶかしげな表情でこう言いました。

「司法が身近になることが、庶民にとってそんなにいいことか？」

これが、言葉の行き違いのようなものであることは、もちろん、すぐに分かりました。つまり、「改革」が目指すとしているものが、国民に身近な司法の「体制」であるのに対し、彼がいうのは、司法に身近に接しなければならない「状況」を指しているのでした。

司法を必要とする人のために、それを身近な存在なものにしておかねばならないという発想に対して、できれば裁判沙汰や弁護士のお力を借りなければならない紛争の当事者にはならないで済みたい、そうならない社会であってほしい、という発想の違いです。

もちろん、「改革」を推進してきた弁護士など法曹界の人たちは、必要な人たちへの体制づくりの必要性は強調します。ただ、問題はそれにとどまっていないことです。この社会全体をもう少し、司法に近づける発想がそこに内在しています。

「裁判沙汰にならない」部分に、泣き寝入りや不正な解決が潜在しているという考え方が、この「改革」のスローガンとなった「二割司法」という発想の中にはあります。また、政府の司法制度改革審議会のいう法曹を「社会生活上の医師」に例える発想にも、弁護士にもっと社会全体を接しやすくするという方向です。

つまり、これらは「今、必要と思っている人たち」への受け皿ではなく、「たとえ今は必要としていなくても、もっと法曹が活用される社会になることが望ましい」という考え方です。もちろん、これを正当化するには、大量な泣き寝入りなどの潜在的ニーズを裏付ける現実が社会になければなりません。あるいは、大衆自身が気づいていない、望ましくない解決の形がこの社会にはびこっていると。弁護士を増やすことにつながっている「八割が眠っている」という見方もそこにあります。

しかし、果たして本当にそれは存在しているのでしょうか。そして、肝心なことは、そこの部分の認識を社会は、果たして共有しているのかということです。

弁護士の中にも、疑問符をふる人がいます。社会の隅々まで弁護士が行きわたれば社会がよくなる、という弁護士会内の議論は、一般人を馬鹿にしていると書いた弁護士もいます（武本夕香子「法曹人口問題についての一考察」）。

日本もアメリカのような、何ごとも弁護士に相談し、訴訟に持ち込む「訴訟社会」を目指すのか、という懸念論に対して必ずいわれるのは、大前提としての日本の司法の機能不全が生んでいる、泣き寝入り、不正解決などの実態でした。「訴訟社会」には絶対にならないという人もいますが、たとえリスクをとっても、今、目指すべきはそちらの方向ととれる言い方をする人が、法曹界には多いです。

そもそもそんなニーズがあるのならば、なぜ今、弁護士が経済難なのだ、と思う人もいるでしょう。これは、有償・無償のニーズがごちゃ混ぜの議論が行われているからなのですが、ここでイケイケの方たちは、必ず「掘り起こし」という言葉を使います。眠っている潜在的なニーズがあるんだからどんどん弁護士が掘れ、ただし、焚きつけたりはしないように。

正直、この話を聞くたびに、市民目線じゃないなと感じてしまいます。おっしゃる意味は分かりますが、市民側からすると「掘り起こし」と「焚きつけ」の区別はつきません。百歩譲っても、そこの区別をどうつけるのか、かなり危うい話です。

アメリカの法律事務所のＣＭでは、画面の向こうから視聴者を指さし、「あなたは今、〇〇ドル損をしているかもしれない」と呼びかけるものがあるそうです。たまたま、向こうでそれを見ていたビジネスマンは驚いていましたが、「いいね、日本は。まだ、弁護士がこんなことをしないから」とも言っていました。このＣＭは「掘り起こし」でしょうか、「焚きつけ」でしょうか。結局、そんな区別がつかない形になっていくのが「訴訟社会」化の現実だと思います。

大衆が求める「身近」とはどんなものなのか。そして、どんな形の社会を求めているのか。この「改革」は、そんな投げかけをしたうえで、国民が本当に求めるものを目指しているのでしょうか。

2　尊敬される弁護士と「法曹一元」

法曹界には「法曹一元」という考え方があります。文字通り法曹、つまり裁判官、検察官、弁護士は一元であるということですが、その解釈には人によって若干違いがあります。

統一試験、統一修習という言い方がありますが、これは要するに同じ試験を受け、同じ司法修習で席を並べることをいっています。こういう制度になっていることで、わが国が法曹一元になっているんだという人もいます。あるいはその後も、判事と検事が人事交流したり、弁護士が任官したりするのも、「法曹一元だから」と解釈されてもいます。

「法曹一元」という言葉の解釈として、これらは間違っているとまでは言い切れませんが、実は本来は別の意味を持っています。それは、裁判官は弁護士から選ぶ制度という意味です。

この国で、それが一顧だにされてこなかったかというと、実は違います。一九六二年にこの問題を検討するために内閣につくられた臨時司法制度調査会。その設置法には、実はこの法曹一元制度がこう定義されています。

「裁判官は弁護士となる資格を有する者で裁判官としての職務以外の法律に関する職務に従事したもののうちから任命することを原則とする制度」

この定義づけでさえも、かつての弁護士の中には不満がありました。英国の制度にならったこの考えは、本来は「弁護士となる資格を有する者」からではなく、「経験を積んだ弁護士」の中から、とすべきなのだと。資格といってしまったら、弁護士だけではなく法学者、行政官、警察官に無性格的に拡大されてしまうことを問題視したのです（松井康浩『司法政策の基本問題』）。

何で弁護士から？　と思われる方もいるかもしれません。基本的には、弁護士の国民生活を守ってきたという生きた経験が裁判にいかされるべき、という考えが基本にありました。

弁護士会もこの考え方をずっと主張してきましたが、結論からいうと、この話はどんどん消えていきました。とにかくこの国では、そういう意味での法曹一元は実現しておらず、主張する人もほとんどいなくなってしまったということです。そこには、いろいろなこの国の事情があります。

ただ一ついえば、この制度を成り立たせるためには、ある環境が必要であることは確かです。それは社会の中で、弁護士が市民から尊敬される存在であるということです。

弁護士は社会の常識・良識という価値基準を実現するために法解釈を行っているという考え

方があります。依頼者の利益を守るといっても、都合良く解釈して、黒を白にしたりする技術を持っている人ではありません。

法律（成文法）は本来、この価値基準を反映していなければなりません。社会の常識・良識は変化しますから、法律はズレることがあります。ある意味、成立した瞬間からズレ始めているとみることもできるわけで、そこで改正がなされたりするわけです。

法律にこのズレがなければ、きっちりこれに沿った解釈を加え主張することで、依頼者・市民の権利・利益を守る。もしズレているのであれば、その法律を変えるべきだと主張する。それが弁護士の仕事です。

そうなると、弁護士自身が社会の中で、この常識・良識を持ち合わせている人間である必要があります。弁護士に厳しい職業倫理が求められることの意味も、そこにあるといっていいと思います。そして、そういう存在として、社会あるいは地域で尊敬される存在であることが、裁判官は弁護士から、という法曹一元実現の基本的な環境なのです。

英国でこの制度が成り立ったのも、要するに弁護士が社会で一目置かれる存在であったことを挙げる人がいます。法曹一元は国民の声として挙がっても、おかしくないのです。

この国では、裁判官は弁護士から任命することで社会の常識を反映しようという話になる前に、裁判官は従来のままで、国民が参加することで社会の常識を反映しようという話になっています。もっともこの裁判員制度という形も、国民が求めたわけではありませんが。

弁護士が社会で尊敬される存在であることも、本来の意味での法曹一元とともに、この国でかすんできてしまっているような印象を持ってしまいます。

3　「企業内弁護士」増大の意味

会社のなかで、弁護士の資格を持って、社員として働いている弁護士がいます。「企業内弁護士」といわれますが、今は行政庁や公益法人内で働く弁護士資格者を含む総称として、英語の「In-House Lawyer」を直訳した「組織内弁護士」という言葉も使われます。

この組織内弁護士は、日弁連の弁護士職務基本規程第五〇条で、「官公署又は公私の団体において職員若しくは使用人となり、又は取締役、理事その他の役員となっている弁護士」と定義されています。ただ、企業内弁護士について、その扱われ方は企業によってさまざまなようです。

かつて「企業内弁護士」の企画で取材をしたとき、ある資格者を採用している企業の広報から、「うちの場合、彼は特別に『弁護士』として仕事をしてもらっているわけではないので、取材はご遠慮頂きたい」と言われたことがありました。これは例外で、法務部門で専門知識を生かす存在として企業の戦力になることを想定されている場合がほとんどだとは思いますが、やはりあくまで扱われ方は企業次第ということです。

さて、この「企業内弁護士」、かつて弁護士会内でマイナーだった企業系弁護士の中でも、さらにマイナーな存在でした。数的なことをいえば、現在も全国で四〇〇～五〇〇人くらい（日本組織内弁護士協会の調べでは、二〇一〇年一二月末現在、五一二人）とされており、絶対的に数のうえではマイナーですが、それが近年一躍注目をされてきています。

その理由は、基本的に企業系弁護士に対する弁護士の意識が変わり、弁護士界内での立場が変わったこともありますが、近年の弁護士増員に伴い、その受け皿として、日弁連が採用拡大に期待している、という事情があります。

ところが、こうした期待感に水をさすような記事が、二〇一〇年一二月一七日の『日本経済新聞』夕刊に掲載されました。

「『企業内弁護士』企業二の足」

こうした見出しがつけられたこの記事は、日弁連発行の二〇一〇年版『弁護士白書』に紹介された調査結果をもとに、企業の九割以上が「企業内弁護士」採用に消極的と報じています。上場企業を中心に五二一五社に実施した調査で、一一九六社から回答があり、「企業内弁護士」を採用しているのは四七社、「募集中か採用予定」の二五社を合せても一割以下、一一一二社が「消極的」「具体的検討はしていない」と答え、その理由として、四社に一社が「顧問弁護士で十分」としたほか、「報酬が問題」「やってもらう仕事がない」という回答があったとしています。

この記事については、企業法務関係者のブログ（「企業法務戦士の雑感」）で疑問が提示されています。このブログは、ほかにもさまざまな企業法務の実態を紹介していますが、要するに「弁護士」に特化した採用、企業法務専属担当としての採用をしている企業は多くないが、採用候補に有資格者がいれば採用に動く企業はある、というのです。「弁護士枠」と銘打たずとも弁護士を採用するところもあり、前記した統計からみて「日経」のいうような「企業二の足」というくくりは当らない、というわけです。

このブログ氏は、二、三年のうちに「企業内弁護士」が一〇〇〇人に達するという見通しも示されています。

ここではっきりしてくるのは、やはり企業は企業の論理で、弁護士を採用するということです。採用に消極的な理由をみると、それは結局、企業としての弁護士の「使い勝手」であり、ブログ氏がいう採用の現状も、ある意味、同様の観点に立った企業の当然の選択です。

逆にいえば、企業側からすれば、「使い勝手」は弁護士側に投げられたボールでもあります。今後、大量増員時代の弁護士が、報酬にしても立場にしても、そのハードルをぐっと下げてくれば、「二の足」などといわれる状況は、なくなっていくかもしれません。

前記ブログは、「クローズな世界で生きている日弁連の人々には、『弁護士資格』を持っていれば水戸黄門の印篭のごとく企業の門をくぐれるはず、という思い込みがあるのかもしれないが、会社の人事（採用）はそんなに単純なものではない」ともしています。

しかし、そうした形の自信やプライド、ましてはかつてあったような企業に雇用される抵抗感は、弁護士会の中で大きな比重を占め出している新時代の弁護士の中からは、どんどん消えてきています。その意味では、企業・弁護士双方からみて、「企業内弁護士」という形が選択される可能性は見えてきているということもできるかもしれません。

ただ、この世界に入ってきた若い弁護士の発想が、それこそ就職先としての妙味から、企業の論理に沿う形で、どんどん割りきられていく先に、時にその企業とも対決することになる、人権とか少数者に立つ弁護士がこの国に存在し、また育っていくのか、そのことがやはり不安になります。

4 「弁護士を甘やかすな」論と市場原理主義

弁護士の経済難というテーマに対し、マスコミや社会の中にある資格に「甘ったれるな」「あぐらをかくな」という論調が目立っています。

そのためか最近、弁護士の中から、「今までが恵まれ過ぎていた」とか、「これまでのようにはいかない」といった、覚悟とも諦めともつかない発言を聞くようになっています。

前記論調からいえば、これは大変結構なこと、「ようやく分かったか」という話になりそうです。

　これまで資格の特権として制限した数の中、競走がいらない状態でやってきたのを前提にするのが誤りであり、よりよいサービスは競争によってもたらされる。そんなことは、他の業界では当たり前ではないか——最近、とみに見かけるようになった、これまでの弁護士の心得違いをいう冒頭の論調の中身です。

　この論調はある意味、大衆に伝わりやすいものを持っています。それは、大衆のなかにある弁護士イメージにぴったりあてはまるからです。

　資格を永久の高給保証のようにして、いわば保身のために自ら数を制限し、人権擁護といったきれいごとを掲げて、実は頭はビジネスのことでいっぱい。他のあらゆる業種が、日夜ものすごい労力をつぎ込んでサービス競争をしているのに、彼らはそこから開放されている——前記論調を裏打ちする弁護士イメージです。

　表現こそ違え、大マスコミも、いわばこうした弁護士の反省に基づいた「改革」路線という描き方にそぐわないようなイメージのものにはすかさず批判を加えていますので、より大衆の中の、こうした論調も強固になっていくのかもしれません。

　ここでは、特権的に弁護士を甘やかさないことと、市場原理に基づく「競争」を弁護士に導入するということとが、ぴったりとくっついています。

　弁護士にもいろいろな人がいます。そうした指摘を受け、胸に手を当てて思い当たることが沢山ある人、ない人。あるいは、なくてもここは従うしかないと空気を読む人、言いたいことを飲み込む人。これまでの弁護士を見ていて、聞けば確かに反省すべきという風に見える方々もいたことは事実です。しかし、こうした弁護士イメージにすべてかぶせて、現状をすべて弁護士に反省を迫る方向で果たして正しいのか、そこは冷静に考えなければなりません。

それは端的にいえば、弁護士という仕事が金儲け主義に走られては、大衆にとって危険な仕事だからです。いうまでもなく、彼らは法律という武器を使って大衆の期待を利用することもできます。弁護士が自らサービスを売り込むことと紛争の焚きつけは、実は大衆には区別がつきにくいのです。

これを弁護士が言えば、「脅し」という人がいるかもしれません。またぞろ自らの保身のために、お得意の弁明を繰り出しているのだ、と。ただ、これは弁護士の自覚でもあると思います。

「金儲けがうまい弁護士が、大衆のためによりよいサービスを追求している弁護士ということにはならない」

こういう言い方を弁護士からの反論として聞きます。これを儲けている大事務所へのある種のやっかみのように言う人もいます。ただ冷静に考えれば、確かに大衆は、その点の見分けがつかず、多くの宣伝をしている「サービス競争」に熱心な方に向くでしょう。

弁護士という仕事が大衆にとって一回性の仕事でなければ、つまり、まずい製品に当たっても次は違うものを選べたり、また、取り返しがつかない実害を大衆に生じさせない仕事ならば話は違います。また、接客態度のような比較しやすいサービスならば、時間をかければ口コミの評判が一定の効果を示すかもしれませんが、個別の事情によって違ってくる案件処理の前例は比較がしにくく、場合によっては、当事者自身がより良心的なサービスが受けられることを最後まで気づかないことだってあり得ます。

「サービス」を競争にゆだね踏み外す人間は、弁護士会が懲戒すればよい、という人もいるかもしれませんが、むしろ仮に弁護士会がそれに胸を張ったところで、すべての案件を懲戒できるものでもなければ、将来の不祥事への抑止効果が果たしてどれくらいあるのかは、それこそ大衆が懸念して当然の話です。

つまり、これまでの弁護士のイメージをもとに、「甘やかすな」という一辺倒で、弁護士たちを競争にさらさせることが本当に大衆に利をもたらすのか、ここは大マスコミの論調に引きずられずに、冷静に考えなければならないということです。

既に債務整理ブームで頭角をあらわしたような大事務所の活動に対しても、市場原理のなかでこそ、これまでよりも多くの人を救済できた、という評価の仕方があるようです。一見正しいように見えるこうした評価の先に待っている弁護士とこの社会の姿を、もう一度合わせて考えてみる必要がありそうです。

5 「サービス業」という決意と覚悟

弁護士はサービス業である、といまや多くの弁護士が言っています。弁護士は、よりよい法的なサービス提供を目指す仕事であり、特別な存在ではなく、お客様のニーズにこたえる点では、他のサービス業とは変わらないのだということです。

なぜ、こんな当たり前のことを弁護士はいまさら言い出しているのだ、と言う方もいると思います。また、それだけこれまでの弁護士が何か勘違いしていたのではないか、と思う方もいるでしょう。

確かにかつての弁護士についていえば、自らの仕事を「サービス業」とくる人は少数派だったと思います。抵抗感があったといってもいいかもしれません。それを今、説明しようとすれば、やはり勘違いしていた部分があるとは思います。「サービス」をどこかお客さんに合わせて、へりくだって仕事をするイメージととらえ、それが独立して法律を指南する立場とは違うと頭から決めつけていた感じはあります。もちろん、これは市民からは威張っている存在にみえてもおかしくありません。

サービス業でなければ何だったんだといわれれば、ごく真っ当な弁護士の方の感覚でいえば、「聖職者」意識ということになるかもしれません。弁護士法一条に掲げられた「基本的人権の擁護と社会正義の実現」という使命をはじめ、同法はまさしく弁護士に「聖職者」たるよう求めているように読めます。

ただ、これは法律という、ある意味危険な武器を使いこなす弁護士が、市民にサービスを行うに当たっての厳しい自覚を促すものとも考えられます。

「聖職者」と称する人のなかにも、およそ実態はかけはなれた方は沢山いますが、弁護士を本当に「聖職者」と位置づけるかどうかは社会が判断するので、少なくとも勘違いととられてしまうのは、その実態が「聖職者」ではない、やっていることは普通のお金儲けをするサービス業だと、とらえているということなのかもしれません。

その意味では、こうした「聖職者」規定のもとで、弁護士がそれにふさわしいような仕事をしてこなかった、そうは社会に認知されてこなかった、ともいえなくはありません。

最近の弁護士の中からは、そうしたことの反省に立って、むしろ「聖職者」ではなく、一サービス業として社会のニーズをとらえ、自己研鑽していこうとする決意の声を聞くことが多くなりました。

ただ、気になることもあります。サービス業をどうとらえるかの問題です。いうまでもサービス業に期待されるのは、よりよいサービスの競争、さらには、その競争がもたらす依頼者・市民の利益にほかなりません。

しかし、弁護士の競争を考えるうえでは、二つの重要なポイントがあります。ひとつは、大衆にとっては弁護士という仕事が一回性の仕事、つまり次の依頼機会がない仕事になるという性格です。商品や飲食店のように、今度はだめなのにあたったら、次は別のところという選択の機会がないということです。つまり、次がないサービス競争ということになるわけです。

そして、もう一つは、この一生に一度しかないかもしれない弁護士とのかかわりで、生命・身体にかかわるとりかえしのつかない実害がうまれてしまうという点です。専門的な領域に関する対応や手法は、およそ素人には分からないことも多く、専門家に対する依存心・依頼心からも、最後まで自らが十分な「サービス」を提供されたかどうかもわからないまま、結論が出てしまうケースだってあります。

弁護士のサービス競争も、当然その質と価格で行われますが、果たして大衆の正しい「選択」を確保できるのか、という問題になります。国民の能力はそんなに低くない、という方もいると思いますが、一般の商品・サービスに比べて、過剰な負担になり得ます。結果、質よりも分かりやすい価格やイメージに流れ、大衆が実害をこうむる危険もあります。もちろん、競争をしている側は、それでもこれが競争、あとは自己責任といえばいいことになるのも、サービス競争ですが。

こうみてくると、弁護士はサービス業であっても、それが一般にイメージするような「競争」を直ちに持ち込みにくい仕事ととらえるべきだと思います。もちろん、「競争」を前提として考えれば、前者についてはセカンド・オピニオンを含めた、弁護士選びの段階での複数の弁護士とのコンタクトを容易にできる機会をつくることや、価格を含めて自由に行われる弁護士の「競争」の中でも、案件と価格・対応を素人でも分かる形で対比して、費用負担も含めて実害が生まれる前に「選択」できる形の、なんらかの環境整備が必要ということになります。

少なくとも、弁護士が「聖職者」ばかりでない、というのであるならば、このますますべてを弁護士の「競争」にゆだねるのが単純に大衆の利になる、とも言い切れなくなるはずです。

弁護士をサービス業として、本格的に自由な「競争」に突入させることには、弁護士の決意だけでなく、弁護士と市民の相当な覚悟が必要だと思います。

6　「正義の神の天使」

弁護士で東久邇宮稔彦内閣・幣原喜重郎内閣の司法大臣を務めたことで知られる岩田宙造（のち日弁連会長）の門下に、伊達利知という方がいました。第一東京弁護士会の重鎮だった彼が九六歳で他界されて、もう一七年の歳月が過ぎ、生前お目にかかったときがいつだったのか、最後にどんなお話しをしたのかも、かなり記憶があいまいになってきてしまいました。

ただ、彼の志のようなものは、鮮明に覚えています。岩田直系門下を自認する彼は、生涯熱心な「岩田信奉者」であると同時に、その薫陶による「弁護士道」ともいうべきものの継承者としての姿勢を貫いた人でもありました。

その彼が、あるいはその師以上に、こだわり抜いたものが、実は「弁護士倫理」という存在でした。

弁護士はどうあるべきか――おそらく、これが彼の生涯のテーマとなる、出発点となったエピソードがあります。それは、大正一四（一九二五）年、登録二年目の若き伊達弁護士に強烈な印象を与えた、いまや伝説の刑事弁護士として語られる巨人・花井卓蔵の帝国弁護士会設立祝賀会での演説でした。

その日、登壇した花井は、居並ぶ会員諸氏を前に、ローマ、イギリスの弁護士史を引いて、こう語ったといいます。

「弁護士は正義の神の天使なりとあります。人権保護の恩人なりとあります。而して我国の弁護士史は如何でありますか」

時は過ぎ、終戦を迎え、弁護士法が改正され、自治確立とともに、弁護士の地位は格段に上がりました。しかし、伊達氏は思っていました。

「弁護士が『正義の神の天使である』ことを自認するためには弁護士倫理と向き合わねばならない」

彼のこだわりが始まりました。ある日、松下幸之助から送られてきた「道徳は実利に結びつく」という小冊子の中に、「お互いの繁栄、平和、幸福を願うところに善がある」という言葉に抵抗を感じた彼は、すぐにこんな返事を書きました。

「お互いの繁栄、平和、幸福というものは、私情を捨てた良心のひらめきによってとらえたものでないと、折角の構想も一人よがりに終わる」

そして、彼は謙虚さのない、思いあがった弁護士のあり方もまた、業だとしました。

彼の意見に痛く共感した今井忠男弁護士（のち日弁連会長）は、即座にこの論を弁護士倫理解説の作業を進める担当者に見せるといいました。当時の弁護士たちの、弁護士倫理に向かう精神性の高さをみるような思いがします。

伊達弁護士は、こうも言い残しています。

「弁護士倫理は医者の仁術と同じく、依頼者の信頼を裏切ることがあってはならぬというのが、その精神。信頼を裏切るようなものは、人間性の喪失であり、かようなものの存続を天が許すわけがない。しかし、依頼者のことばかり考え、相手を不当に苦しめ、泣かすことも人間性の喪失であり、その存続も天が許すわけがない」

「正義の神の天使」として信頼されるための弁護士倫理の道は、天に存在を許される謙虚さを持ち合わせた良心の道である、と彼は言いたかったのだと思います。

昔の人のいうことは、大仰だという方もいるかもしれません。ただ、こうした精神に真剣に向き合っていた人がいたということだと思います。

今、弁護士界には「弁護士倫理」という規定はありません。代わりに拘束力がつくものが作られています。弁護士への指針も、いわば精神としては実効たらしめることができず、結果、拘束力という強制にゆだねる方向になっています。依頼者の信頼を裏切ったり、拝金主義に傾斜している弁護士の話も、巷に溢れています。

さて、この今の弁護士の状況を、天にいる伊達弁護士は、どうみているのでしょうか。「倫理」として培うべき精神を拘束力にゆだねている、筋違いを責めるでしょうか。それとも、謙虚さを失った結果、もはやこうしなければならないところまできてしまった弁護士の、「正義の神の天使」とは、ほど遠い姿に嘆くのでしょうか。

7 「正業に就け」と言われる時代への危機感

「弁護士よ、正業に就け」

太平洋戦争末期、正当な弁護活動を行おうとする弁護士に、憲兵や警官が、この言葉を浴びせかけました。

弁護士の正業とは何か。この言葉の前には、ある意味、その定義を云々すること自体無意味といっていいでしょう。なぜなら、ここで言われているのは、あからさまな「弁護無用論」「排斥論」であり、そのことだけに意味があったからです。本来の弁護士の仕事を頭から「正業」と認めない、この言葉の理不尽さこそが、その時代の恐ろしさを今に伝えているのです。

根底には非常時下に罪を犯すのは「国賊」であり、「国賊の弁護はする必要はない」という考え方がありました。したがって、その弁護に熱心な弁護士は「時局非協力」という烙印を押されることになったのです。

当時の制度は、この発想をきちっと反映していました。国防保安法・治安維持法は検事の捜査権限を強化、二審制を採用するとともに、弁護人は司法大臣が指定する弁護士の中からに限り選任されるという特別手続を定めていました。悪名高い「指定弁護士制度」です。

裁判は迅速化され、証拠調べは簡略化されて、弁論に時間をかけることを非難する風潮も生まれました。

昭和一九年、加藤隆久弁護士は、戦時物価統制令違反事件で検挙された人のもらい下げに、東京・九段の憲兵司令部を訪れた際、憲兵軍曹から冒頭の言葉を浴びせられました。

「この非常時に、先生らはどうしてあんな国賊の弁護をなさるのか。そろそろ正業に就いたらどうですか」

だけども、加藤弁護士は全くひるみませんでした。

「国賊かどうか裁判してみなければ分からないではないか」

「弁護士が正業でなければ、弁護士法を廃止したらよかろう」

さらにおさまらない加藤弁護士は、この時、上官である少佐のもとに行き、「貴下らがそんなことを言わせているのか」と、猛然と抗議したそうです。あの時代の中でも、気概のある弁護士がいたことを伝えるエピソードです（加藤隆久「正業につけ」法友会会報昭和三三年度号）。

今、「軍国主義」は消え、平和憲法の下、「民主主義」の世の中になり、「国賊」という言葉すら知らないだろう人々が町を歩いています。似て非なるものと笑うのは簡単ですが、その国で再び「軍」が登場させようとする動きや、裁判の迅速化・弁護権の制約化の流れもあります。ネットなどでは、凶悪事件の被告人を「国賊」扱いする風潮もあります。国民参加の効果が強調される裁判員制度だって、この国の国民に対する、新しい強制の形です。弁護士界の中には、この次にくるものへの危機感を叫ぶ人たちもいますが、その声は十分に大衆には届いていません。

本来の弁護士の仕事を貫こうとする時、弁護士は、実は時代からも、時に多数派の市民からも孤立することを余儀なくされる存在なのです。弁護士や弁護士会の中には、あの時代、戦争への傾斜、翼賛体制に対し、必ずしも本来の果たすべき役割を果たしきれなかったことへの反省もありました。だが、あの時代が遠くなるとともに、今の弁護士からそういう覚悟を聞くことも少なくなりました。

戦争だけでなく、そもそも社会や多数派の世論に対して、弁護士・弁護士会が、本来の役割を果たすためにどう向き合うかは、もっと考えるべきことのようにも思います。民主主義の社会になっても、今度は国民・市民の口から「弁護無用論」が声高にいわれる未来が来る可能性はあります。

もし今、形を変えたあの言葉が国民・市民の口から出たならば、現在の弁護士は、加藤弁護士のように、胸を張ってその理不尽へ抗議するでしょうか。

8　消えゆく「法曹のオーラ」

既に二〇年以上前の話になりますが、弁護士会の会長なども歴任した、ある大物ベテラン弁護士が、映画に裁判長役で出演したことがありました。

その弁護士によれば、法廷シーンで、どうしても本物の法曹を使いたいという監督のこだわりから、出演の話がきたということでした。出演前は少し楽しそうにしていた彼でしたが、試写から帰ってきたとき、会うと自分の映りに少々がっかりしていましたが。

この監督のこだわりは、面白いと思いました。思いこみのように言う方もいるかもしれませんが、この監督はいわば「法曹のオーラ」の存在を認めているからです。別の言い方をすれば、大衆に伝わる風格のようなものだと思います。

自分もそのシーンを後日見ましたが、よく知っている方ということもあって、どうしてもいつもの先生がイメージされてしまい、本物の法曹を使った効果のほどは自分には判断しにくいものになってしまいましたが、ご覧になった方は、あるいは数分間の演技に、俳優のそれとは一味違うものを感じとったかもしれません。

かつて弁護士の風格ということを、いまよりもよく耳にしました。また、昔の法曹界を知っている人と話していると、その人の口から、「昔の弁護士は風格があった」という言葉も、よく聞かれます。かつて存在し、今、それがなくなってきているように語られる風格とは、一体何なんでしょうか。

辞書によれば「風格」とは、「その人の容姿や態度などに現れる品格」とあります。では「品格」とは何かといえば、「人や物に感じられる気高さや上品さ。品位」ということになります。

弁護士の気高さとは、やはり「独立」というものを抜きには語れないと思います。干渉を受けず、独立して判断する孤高の存在。そうした特別の存在であるがゆえに、「基本的人権の擁護と社会正義の実現」という使命が、彼らの常に自覚すべきこととして掲げられていることの意味も見えてくるように思います。

「独立」は自覚と自制に支えられ、その揺るぎなさが、気高さであったかもしれません。虚勢を張ったり威張ったりする弁護士もいただろうけれどもそうではない、大衆・市民の信頼につながるような気高さが、弁護士のオーラとして、あるいは弁護士に限らず、前記監督の見方のように法曹のオーラとして存在していた時代が確かにあったように思えます。

それがなくなってきているような話になるのは、自覚と自制に支えられた「独立」という点にあるのかもしれません。

およそ弁護士が「反権力」的立場で徹底的に大衆の側につくと考える人は、いまやどれくらいいるのでしょう。さらにカネにまつわる弁護士の不祥事、カネに群がる弁護士の姿は、あるいは最も大衆が「独立」を疑いたくなるものかもしれません。

弁護士が自覚とともに、口にし出している「ビジネス」という言い方に、企業人はともかく、大衆は特別いいイメージを描いているわけではありません。いわれるような、大衆の利になる「健全な競争」を必ずしも頭には浮かべません。より効率的に、カネで割りきった法的サービスの提供、あるいはより儲かる事件を選択する姿を、ビジネス化する弁護士の未来と決して切り離してみているわけではなく、むしろ弁護士は、大衆にとってより気を許せない存在となりつつあるようにすら見えます。

弁護士の懲戒のなかで、弁護士会はその行為について、「弁護士としての品位を失うべき非行」という表現をします。かつての弁護士よりも、行為そのものの品位のレベルが下がったために、弁護士全体に対するイメージが下降している感じはあります。「こんなことをやる弁護士がかつてはいたのか」とか「小粒になったんだ」といった言葉とともに語られます。

ただ、そうした弁護士としてのスケールの問題もさることながら、もっと深刻なのは、大衆の信頼につながるような揺るぎない気高さを醸し出す「独立」を感じられる弁護士、あるいは法曹のイメージが、この社会に存在しなくなっていることの方かもしれません。やがて「法曹のオーラ」を知る人たちが、この社会からいなくなる——そんな未来も想像してしまいます。

9　ポピュリズムと向き合う弁護士

二〇一一年五月一二日付『朝日新聞』朝刊の「明日を喋ろう二〇一一」で、映画監督の森達也さんが、社会のムードに対するメディアの役割について、書いていらっしゃいます。

彼は、一九九五年の地下鉄サリン事件以降、オウム真理教の信徒に密着して映像を撮り続けましたが、「殺人集団」と呼ばれたアジトの中に、「無邪気で純粋で世間知らずな人々の日常」を見つけます。

しかし、テレビは、その善良さを伝えることを嫌い、彼自身、制作会社との契約を解除されてしまいました。

行政は公然と信徒の住民票不受理、子供たちの転入学拒否を行い、麻原彰晃被告人への死刑判決は、満足な精神鑑定もされないまま、控訴趣意書未提出を理由に一審で確定。

彼は、こう問題提起します。

「善良な信徒たちが凶悪な事件を起こした理由を考えねばならないのに、この社会は、事件と信徒たちを同じ『凶悪』という言葉でつなぎ、高揚した危機意識を燃料にして集団化を進め、異質なものへの寛容さを失い続けています。多数派の意見が強くなり、ポピュリズムが加速しています」

「歩調を乱すとバッシングに遭う。メディアもそんな雰囲気を感じとって動けない」

ここで指摘されているのは、恐ろしいこの社会の現実です。危機意識の高揚は、寛容さを失った多数派を形成し、メディアも、あるいは疑問を持つ大衆もまた、委縮して動けない社会です。

この社会では一面的な現実だけが伝えられることになり、それをもとに大衆の「裁定」が下ることになります。そのときに、前記「民主的」であることを標榜し、営利企業であるメディアはその「裁定」の擁護者となり、また、それが社会に決定的なものとして認知されてしまうでしょう。

実は、私たちはそういう社会にいるのだ、ということをまず自覚しなければならないと思います。

そして考えてみれば、弁護士という仕事こそ、時にこうした状況の逆風を受けて、使命を果たさなければいけない存在であると同時に、こうした状況の問題を社会に発信し得る立場にいる存在でもあると思えるのです。

森さんはメディア側にいる人間として、多面性を伝えるメディアの責任を強調しています。戦時中の戦意高揚報道のきっかけを作ったのは軍部でも、メディアがのめりこんでいった側面も指摘しています。今回の震災を契機とした「集団化」の促進も危惧しています。

いうまでもなく、弁護士も本来、視点としての「多面性」が求められる仕事です。別の言い方をすれば、一面的な見方に対し、本来は多面的な見方を提示することを回避できない仕事のように思えます。

森さんの指摘に引きつければ、弁護士もまたバッシングの前に委縮し、ポピュリズムに取り込まれてはならない仕事です。営利企業であるメディアが視聴者・読者である大衆に迎合していくように、弁護士が「国民の理解」といった言葉で同様に迎合していくのであれば、メディア同様、戦時下の歴史が教えるように、結局、社会のためにはならないということだと思います。

そのこと自体を「多面性」という意味のなかで、国民は理解しなければならず、また、そのことを弁護士も発信しなければなりません。

弁護士がポピュリズムに取り込まれてはならない、ということと同時に、増員問題や経済的な問題に対する論調を見ても、弁護士自身がそのポピュリズムのなかで、誤解され、攻撃され、あるいは結局は、大衆のためにならない形に追い詰められつつあるようにも見えます。

やはり、メディアも弁護士も、森さんのいうように「歯をくいしばって伝えなければならない」時代を迎えています。

10 「権力がない人」が必要とする弁護士

日弁連会長の宇都宮健児弁護士が、会長就任前に出された著書『反貧困——半生の記』（花伝社）のなかに、「道標」と名付けられた章があります。このなかで、彼の弁護士という仕事に対する基本的な考え方・思いがつづられているところがあります。

「現代の風潮として、弁護士になって高い収入を目指す人があるようですが、私にはそれが分かりませんね。日本の『弁護士法』第一条が弁護士の使命について記していますが、『弁護士は基本的人権を擁護し、社会正義を実現することを使命とする』とある。まさにそれこそが弁護士のなすべきことだと思います」

現実に高い収入をとった弁護士を見て、弁護士とはそういうものだと社会が認識し、結果、何だかんだいって弁護士は儲けている、ちょっとやそっと増やしてサービス競争させたって、破たんするわけがない、という話になっているのが現状です。

そうした状況を作った根っこには、宇都宮弁護士がいう「弁護士になって高い収入を目指す」人々がつくった「風潮」があることも、否定できないように思います。

では、弁護士法一条の使命を実践する弁護士とは、いかなるものなのか。宇都宮弁護士はこう書いています。

「人権を擁護しなくてはいけない『人』の中で、財力や権力を持っている人は自分の権利を自分自身で守れる場合が多い。しかし、どちらかといえば、社会的・経済的弱者はそれを守れない人たちなんですね。ですから、人権擁護を目指すという抽象的な言葉は聞こえが良いけれど、これを忠実に具体的に実践しようとすれば、弁護士は社会的弱者、経済的弱者の人権を守り、味方になるという方向が素直に出てくると思います」

弁護士は少数者・弱者のために闘う存在、そういう存在であればこそ、そこに確固たる社会的意義があるという考え方は、ある意味、かつての弁護士会ではポピュラーな考え方でした。ある人はこれを信念として実践し、あるいはある人は建て前だったかもしれませんが、少なくともここに弁護士たる存在の説得力があることを理解していた人は多かったように思います。

ところが、権力のある人の弁護をする弁護士のイメージの方が、実は社会でどんどん広がってきたと思います。少数者・弱者の弁護は、当然、おカネになりません。このことは誰でも分かります。儲けているのは、おカネがある人たちの味方をしているから、と見られて当然です。弁護士が医者と並んでステータスとして語られてきた過程で、当然、宇都宮弁護士のいうような弱者救済の弁護士イメージよりも、権力者の権利を守り、おカネを得ている弁護士イメージが、どんどん社会の中で肥大化してきたのです。

弁護士のいう弱者擁護の姿勢は、本当にそれを信念として実践している人がいても、全体の弁護士を語るに当たっては、むしろそれは建て前ととらえ、それこそまともにそう受け止める大衆は、少数者になっているのが現実だと思います。

そのことが、現在の弁護士増員問題や弁護士の経済的な窮状について、弁護士界を包囲している世論状況に大きく影響しているように思えます。およそ権力を持たない、財力もない、多くの大衆にとって必要な弁護士は、どういう志の弁護士かはいうまでもありません。今、「競争」や「淘汰」という言葉とともに進行する政策が、その大衆にとって本来必要な弁護士を生かすものなのか、殺すものなのか、その肝心なところを国民が分かっていないという状況があると思います。

もちろん、その責任は、前記したように弁護士自身にもあるとは思います。

かつて話を聞いたある弁護士会会長は、弁護士をしていた父親から、「金儲けをしたいならば、弁護士をやめてからにしろ」と怒られたといわれ、そのことがずっと胸にあると言っていました。そうかと思えば、ある著名弁護士は「まず弁護士は株で儲けるのが成功法」と言っていました。ずっと前から、弁護士の精神には、さまざまなものがあったことも事実です。

これからの「競争」「淘汰」のなかで生きる残ることを目指す、生き残るためにおカネになる仕事を目指した結果、残った弁護士が、本当に権力のない大衆が必要とした、宇都宮弁護士がいうような弁護士であるのか――社会自体が、原点にかえって、考え直すべきだと思います。

あとがき

未曾有の大災害となった東日本大震災と福島原発事故を契機に、ある意識が、国民の中に目覚めてきているととれることがあります。それは当局の発表、さらにそれを報道するテレビや大新聞に対する、「事実を伝えていないのではないか」という漠然とした不信感です。「正式発表」という枠組みで出される当局からの情報は、ある種の意図のもとに取捨され、大マスコミがそれを流す。それにとどまらず、識者やマスコミ自身による論評も、バイアスがかかったものとして国民に提示されている――こんな疑いは、要するにテレビや新聞のニュースだけを見ていたならば、本当にこの国で起こっていることは分からないのではないか、という意識となって、薄らとこの国の国民を覆っている観があります。

これに対する現在の大衆が持ち得る唯一の手段が、インターネットであることもまた、疑いのないところになりつつあります。情報の質として玉石混交の批判はありながらも、前記したような状況に対して別の見方を提示し、時に、捨てられた側の論者による「内部告発」が出来得るのも、この空間です。そこに取捨している側の「不都合な真実」も提示されます。

本書のもとになったブログ「元『法律新聞』編集長の弁護士観察日記」で、弁護士とそれを取り巻く世界のことを書き始めたのにも、こうした状況が関係しています。弁護士や司法改革に関して、大マスコミの取捨された情報からイメージを作り、判断している大衆の見方と、現実とのギャップ。また、その一方で、弁護士自身もまた、自分たちがどのようにとられているかを認識してないという、断絶した関係があるように思えたからでもありました。

今、まさに現在進行中の「改革」、とりわけ本書が取り上げた弁護士の増員がもたらすものが本当はどういうものなのか、それを本当にこの国の大衆は望み、選択するのか、そのフェアな判断の一つの材料として、本書が少しでも使われるのであれば幸いです。

最後に、こうした機会を与えて頂き、多大なるご配慮を頂いた共栄書房の平田勝社長と、編集の労を取って頂きました同編集部の方々に、心から御礼申し上げます。

二〇一一年七月

河野真樹

河野真樹（こうの　まき）
1959年東京生まれ。1978年成蹊大学法学部法律学科入学。
1983年法律新聞社入社。編集部記者、編集主任を経て、編集部長（『週刊法律新聞』編集長）を務める。2010年退社、独立。
現在、司法関連の言論・投稿サイト「司法ウオッチ」を主宰するとともに、法曹界ウオッチャーとして、ブログ「元『法律新聞』編集長の弁護士観察日記」（http://kounomaki.blog84.fc2.com/）を執筆中。

大増員時代の弁護士――弁護士観察日記PART 1

2011年8月25日　　初版第1刷発行

著者 ――― 河野真樹
発行者 ―― 平田　勝
発行 ――― 共栄書房
〒101-0065　東京都千代田区西神田2-5-11 出版輸送ビル2F
電話　　03-3234-6948
FAX　　03-3239-8272
E-mail　　master@kyoeishobo.net
URL　　http://www.kyoeishobo.net
振替　　00130-4-118277
装幀 ――― 黒瀬章夫
印刷・製本― 株式会社シナノ

ISBN978-4-7634-1043-6　C0036